SYSTEMISCHE BERATUNG & SYSTEMISCHES COACHING

MIT DEN POWERMETHODEN AUS DER SYSTEMISCHEN THERAPIE ZUR IDEALEN PROBLEMLÖSUNG UND HARMONIE IN IHREM UMFELD (INKL. EFFEKTIVE FRAGETECHNIKEN UND ÜBUNGEN)

INHALT

Einleitung

Schon seit langer Zeit beschäftigen sich Wissenschaftler, Psychologen und Ärzte mit der Frage: Wie kommt es, dass wir Menschen so sind, wie wir sind, und wie können wir uns zum Guten verändern?

In der Psychotherapie und in der psychologischen Beratung wird dieser Frage individuell nachgegangen. Es wird **reflektiert, erklärt** und schließlich von Seiten des Therapeuten **diagnostiziert**. Doch das ist nicht immer richtig und führt häufig eher dazu, dass sich Menschen in der Rolle des Opfers und des Kranken wohlfühlen und Veränderungen verweigern. In der Familientherapie wird in das Umfeld des Kranken geblickt und herausgefunden, wie es sich durch seine Anwesenheit und sein Verhalten verändert hat und wie es eigentlich funktionieren sollte. Im Mittelpunkt steht auch hier der psychisch erkrankte oder verhaltensauffällige Mensch. Das kann sich negativ auf die Situation auswirken, denn er wird als Ursache der Probleme genannt und die anderen Familienmitglieder werden dazu aufgefordert, Rücksicht walten zu lassen. Das führt dazu, dass der psychisch erkrankte Mensch in Watte gepackt wird und dass die anderen Familienmitglieder sich weiter von ihm eingeschränkt fühlen.

Die systemische Therapie geht anders an diese Probleme heran. Sie sieht nicht eine erkrankte Person als Mittelpunkt und als Verursacher der Familienprobleme, sondern das System. Das System hat sich über die Zeit zwischen den Menschen entwickelt und funktioniert auf bestimmte Art. Durch das System der Familie werden unterschiedliche Verhaltensweisen und Arten des Denkens gefördert und andere bewusst vermieden. Dies kann dazu führen, dass sich Menschen in einer endlosen Schleife befinden, in der sie immer wieder auf die gleichen Dinge mit derselben Antwort reagieren und Probleme, die schon vor langer Zeit entstanden sind, weiter festigen. Die systemische Beratung untersucht das entstandene System und erklärt es als Ursache der zwischenmenschlichen Schwierigkeiten. So kann ein System auch psychische Erkrankungen fördern oder ihre Heilung verhindern. In der Beratung nach den Theorien der Systemik wird das System von den beteiligten Personen erläutert und demonstriert. Der Berater beurteilt das System von außen und kann mithilfe der Klienten reflektieren, welche Mechanismen schädlich sind und bei Wiederholung zu weiteren familiären Problemen führen.

In diesem Buch erhalten Sie detaillierte **Informationen über die systemische Beratung, ihre Techniken und Wirkungsweisen.** Sie werden anhand fundierter wissenschaftlicher Therapien lernen, was systemische Beratung bedeutet, wer von ihr profitieren kann und wie man selbst mit der Hilfe eines geeigneten Beraters sein familiäres oder berufliches System wieder reparieren kann. In diesem Buch erhalten Sie Tipps und Tricks dazu. Fangen Sie selbst schon zu Hause mit Übungen und Techniken an und prüfen Sie Ihr familiäres System.

Welche Mechanismen sind notwendig und welche stören Sie und die anderen Mitglieder? Wodurch werden die Mechanismen ausgelöst und wodurch hat sich Ihr System entwickelt? Schauen Sie mithilfe der praktischen Aufgaben in diesem Buch in Ihr System und erfahren Sie, welche Dinge in der Vergangenheit zu Konflikten führten. Lernen Sie nun, wie Sie Ihr eigenes System besser verstehen und verändern können, und finden Sie heraus, worauf Sie bei einem guten Berater achten sollten. Denn an einer systemischen Beratung sind der Berater und Sie selbst beteiligt. Seien Sie also bestens vorbereitet und erlernen Sie systemische Techniken, die Sie einfach im Alltag anwenden können.

Was sind Systemisches Coaching und Systemische Beratung?

Der systemische Beratungsansatz ist noch neu und wird von Krankenkassen in den seltensten Fällen übernommen. Doch bereits jetzt kann festgestellt werden, dass die systemische Beratung und die systemische Therapie Erfolge erzielen. In diesem Kapitel soll zunächst erklärt werden, was die systemische Beratungsart eigentlich ist, woher sie kommt und was bei ihr im Vordergrund steht.

URSPRUNG: FAMILIENTHERAPIE UND KOGNITIVE VERHALTENSTHERAPIE

Die systemische Therapie stammt aus dem Feld der **Familientherapie**. Diese therapiert ganze Familien und versucht, Spannungen und Probleme aufzulösen. Meist steht in der Familientherapie jedoch eine Person im Vordergrund. Von ihr geht das wahrgenommene Problem aus. Oft leidet diese Person unter einer psychischen Erkrankung, mit der sie auch die anderen Familienmitglieder beeinflusst. Im Vordergrund des Prozesses einer Familientherapie kann die Dynamik zwischen dem erkrankten Mitglied und den gesunden Mitgliedern stehen. Es wird aktiv an ihren Beziehungen zueinander gearbeitet und versucht, die Kommunikation zu schulen und zu optimieren, sodass das Zusammenleben wieder angenehm und erträglich für alle wird.

Einen weiteren Ursprung hat die systemische Beratung in der **kognitiven Verhaltenstherapie**. Hier wird mit aktuellen Verhaltensweisen, Mechanismen und Konditionierung gearbeitet. Ein Beispiel hierfür ist die Bearbeitung einer Angststörung: Ein Patient hat Angst vor Spinnen und traut sich deswegen nicht mehr in den eigenen Keller. Der Therapeut kann die Angst minimieren, indem er den Patienten zunächst auffordert, sich eine Spinne vorzustellen, und diese dem Patienten im letzten Schritt auf die Hand setzt. Der Patient erkennt hier, dass die Spinne ihm nichts tut und keine Gefahr für ihn darstellt. Er kann also seinen eigenen Keller wieder betreten.

In der kognitiven Verhaltenstherapie macht man sich das menschliche Lernen zunutze. Personen schildern ihre Reaktionen auf Reize und die Gedanken, die durch bestimmte Situationen entstehen. Daraufhin wird logisch argumentiert, um ein neues, erwünschtes Verhalten zu etablieren. Auch die Familientherapie macht von der kognitiven Verhaltenstherapie Gebrauch, indem sie Situationen reflektiert und nach alternativen Verhaltensweisen sucht.

Die **systemische Therapie** hat erkannt, dass oft nicht eine Störung, die ein Familienmitglied hat, die **Ursache allen Übels ist**, sondern vielmehr **das System**, das innerhalb der Familie entstanden ist. Die systemische Beratung macht es sich deswegen zur Aufgabe, allen Beteiligten klarzumachen, dass sie sich in einem dysfunktionalen System befinden, das einige Verhaltensweisen fördert und andere wiederum unterdrückt. Hier werden keine Diagnosen ausgesprochen: Menschen sind nicht psychisch gestört, sondern befinden sich in einem gestörten System, das besondere Verhaltensweisen hervorruft.

Durch diese Auffassung wird auch das Schuldsuchen bei einem Familienmitglied verhindert. Während bei der typischen Familientherapie immer der Mensch im Mittelpunkt steht, der das gestörte Verhalten zeigt, ergibt sich bei der systemischen Beratung eine andere Formation: Hier befinden sich alle Personen untereinander im Austausch und sorgen mit ihrem jeweiligen Verhalten wiederum für ein anderes Verhalten bei den Familienmitgliedern.

DAS SYSTEM IST DER VERURSACHER

Innerhalb einer systemischen Beratung wird **nie eine Diagnose ausgesprochen**. Das bedeutet, dass nicht ein Mensch mit seiner Störung im Vordergrund steht, sondern das System, in dem sich die Familienmitglieder eingefunden haben. Dieses wird untersucht, reflektiert und verändert.

Daraus folgt auch, dass sich jeder Mensch in der Familie gleichermaßen verantwortlich für die eigene Familie und ihre Mechanismen fühlt. Die Schuld, die bei der klassischen Familientherapie einer Person zugewiesen würde, wenn auch nur indirekt, bleibt bei der systemischen Beratung gänzlich aus. Hier geht es nicht darum, sich die Personen und ihre „Fehler" anzusehen, sondern darum, zu erkennen, wie das System funktioniert, in dem sich die Personen bewegen und verständigen. Das System ist etwas Äußerliches, an dem keine der beteiligten Personen Schuld hat. Es existiert und dominiert jedoch den Umgang miteinander. Das System ist der Verursacher von Konflikten innerhalb der Familie oder der familienähnlichen Struktur. Es bringt die Beteiligten dazu, sich auf eine bestimmte Weise zu verhalten, zu reagieren und Konflikte auf eine wiederkehrende Art lösen zu wollen.

Um das System zu verändern und dadurch auch zu ermöglichen, dass die Personen innerhalb des Systems **anders miteinander umgehen**, muss das System zunächst definiert, analysiert und reflektiert werden. Deswegen werden sich alle Konflikte und deren Ursprung angesehen und verallgemeinert: Was passiert, wenn Person A dies und jenes sagt oder tut? Wozu führt das bei Person B und Person C? Es werden die Wechselwirkungen zusammengefasst und somit ein klares Muster aufgezeigt. Schon diese Reflexion hilft den Betroffenen und zeigt ihnen auf, was genau es ist, das sie innerhalb des Systems stört, und warum sie es nicht aus dem Hamsterrad der Konflikte schaffen.

IMPULSE IM SYSTEM

Nach dem Reflektieren des Systems folgt von Seiten des Beraters oder des Coaches meist die **Setzung eines Impulses**. Hier werden das System und seine Funktionsweisen getestet, indem ersteres in Gang gesetzt wird. Durch Impulse wird das **System** nicht nur aktiviert, sondern auch **verändert**. Hier können direkt Konflikte und Problemstellungen angesprochen werden oder durch Anreize des Beratenden Strukturen überdacht werden.

Impulse können viele Gestalten annehmen. Sie können eine **direkte Konfrontation mit Problemen** und Konflikten sein. Es kann sich dabei jedoch auch um das Hinterfragen der Strukturen des Systems handeln: Wenn Person A dies tut, was passiert dann? Und was sagt Person B darüber?

Impulse können auch **theoretisch** sein: Angenommen, Person A würde dies oder jenes tun, anstatt das zu tun. Wie würde sich das wahrscheinlich auf Person B und Person C auswirken? Was würden Person B und Person C darüber denken und wie würde das Person D betreffen?

In der Regel besteht ein Großteil der systemischen Beratung nach der ersten Reflexion des Systems aus der Setzung von Impulsen und aus dem theoretischen wie auch praktischen Durcharbeiten von Konflikten und Problemen. Der Berater nimmt hier die Rolle des Beobachters und des Mediators ein, leitet die Familie durch Auseinandersetzungen und weist immer wieder auf die Struktur des Systems hin.

JEDER IST EXPERTE SEINER EIGENEN SACHE

In der typischen Familientherapie kommt eine Familie zu einem Therapeuten, erzählt von den Problemen, die sich ergeben haben, und lässt sich vom Therapeuten Tipps geben. Dieser ist in dem Fall der Experte und weiß Bescheid über die allgemeinen Geschehnisse und die Probleme, die sich in einer familienähnlichen Struktur ergeben. Er nutzt sein Wissen über die

Psychologie von Familien und Individuen dafür, seinen Patienten zu helfen und sie auf den richtigen Pfad zu leiten, auf dem Konflikte auf Augenhöhe und mit Respekt durchgearbeitet werden können.

Anders ist die Herangehensweise bei der systemischen Beratung. Hier wird davon ausgegangen, dass nicht der Therapeut, sondern die Familien und deren einzelne Mitglieder Experten ihrer Sache sind. Das Wissen, dass der Berater sich durch die Behandlung anderer Klienten und durch das Studieren der Psychologie des Menschen angeeignet hat, steht hier nur im Hintergrund. Viel wichtiger sind das Erleben und die Erfahrungen der Familienmitglieder. Diese schildern ihre Sache und behalten hier auch fachlich die Oberhand: Sie wissen am besten, wie das System funktioniert, in dem sie sich befinden. Anhand von gezielten Fragen erkundigt sich der Berater in den Beratungsstunden über die Strukturen und Mechanismen des Systems.

Das hat zudem zum Vorteil, dass der Klient sich nicht herumkommandiert oder übergangen fühlt. Er wird nicht bewertet oder analysiert, sondern lediglich interviewt und in die richtige Richtung geschoben. Welche diese richtige Richtung ist, weiß er selbst jedoch am besten. Diese Art der Beratung führt meist dazu, dass dem Berater vertraut wird und dass offener an den eigenen Problemen gearbeitet werden kann.

ALTERNATIVE HANDLUNGSARTEN WERDEN GESUCHT

Der Berater ist jedoch immer noch ein wichtiger Teil der Beratung und die Klienten werden nicht nur interviewt. Nach der Reflexion des Systems und dem Setzen von Impulsen, um das System zu testen, wird sich auf die Suche nach alternativen Handlungsmöglichkeiten gemacht. Der Berater behält hier die strukturelle Oberhand und kann seinen Klienten Anreize geben.

Er schlägt in diesem Schritt keine inhaltlichen Optionen vor, sondern bittet nur darum, sich einmal Gedanken über Alternativen zu machen, die das System verändern könnten: Was könnte Person B als Antwort auf

Person A stattdessen tun? Was würde nicht zu einem Wutanfall bei Person C führen? Die alternativen Handlungsmöglichkeiten können innerhalb einer Beratungsstunde durchgespielt und ausgearbeitet werden. Sie sollen letztendlich jedoch auch im Alltag verwendet werden. Zuletzt soll es das Ziel der systemischen Beratung sein, das System zu verändern und dafür zu sorgen, dass alle Beteiligten angenehm miteinander leben können.

Wissenschaftliche Hintergründe und die wichtigsten Fachbegriffe

Um das Thema der systemischen Beratung und den Weg zu ihr besser zu verstehen, sollte man einen Blick auf die Wissenschaft werfen. Die Psychologie mit ihren verschiedenen Strömungen hat mit dazu beigetragen, dass die systemische Therapie entstehen konnte und musste. Zudem gründet sich die systemische Beratung auf verschiedenen Theorien. In diesem Kapitel soll es nun um die wissenschaftlichen Hintergründe und die Fachbegriffe gehen, die im Rahmen der Systemik entstanden sind.

DIE PSYCHOLOGIE DER FAMILIENSTRUKTUR

Die Psychologie ist ein Oberbegriff. Unter ihr sind verschiedene Fachrichtungen versammelt, die sich mit bestimmten Bereichen des menschlichen Erlebens und Reagierens beschäftigen. Dazu gehören beispielsweise die **Neuropsychologie**, die sich auf das Gehirn und seine Strukturen fokussiert, die **Sozialpsychologie**, die auf soziale Dynamiken blickt, oder auch die **Differenzielle Psychologie**, die sich mit Unterschieden zwischen Personen beschäftigt. Die systemische Beratung hat ihren Ursprung zum Teil in jeder dieser Fachrichtungen.

Persönlichkeiten einzelner Familienmitglieder

Innerhalb einer Familie oder einer familienähnlichen Struktur hat jede Person einen eigenen Charakter. Auch wenn dieser durch das soziale Umfeld geprägt werden kann, gibt es doch jeweils einen Kern, der nicht verändert werden kann und dazu beiträgt, wie man auf Dinge reagiert und sie erlebt. Diese Persönlichkeitsmerkmale, die fest und stabil sind, können zu

Konflikten mit anderen führen, die eine ähnliche oder auch ganz unterschiedliche Ausprägung haben. Als eines der bekanntesten und auch am besten bestätigten **Persönlichkeitsmodelle** gilt das Modell der **„Big Five“.** In diesem Modell werden Persönlichkeiten Ausprägungen in fünf Kategorien zugeschrieben.

Die erste Kategorie ist die Offenheit für Neues.

Menschen mit einer hohen Ausprägung sind neugierig, offen für neue Erfahrungen und Meinungen. Personen mit einer niedrigen Ausprägung hingegen sind eher störrisch in ihren Ansichten, lieben das Traditionelle und das, was sie bereits kennen. Sie lassen sich nur schwer auf neue Situationen ein.

Die zweite Dimension ist die Gewissenhaftigkeit.

Personen mit einer hohen Ausprägung sind pflichtbewusst, erledigen Aufgaben am liebsten pünktlich und sortieren und organisieren alle zu erledigenden Dinge. Menschen mit einer niedrigen Ausprägung sind hingegen eher unorganisiert, spontan, aber auch sprunghaft. Wenn sie zu etwas keine Lust haben, tun sie es meist nicht.

Die dritte Dimension des „Big Five“-Modells ist die Extrusion.

Extravertierte Menschen sind gerne lang und häufig unter Leuten und fühlen sich am wohlsten und am energetischsten, wenn sie nicht allein sind. Wenn sie dann doch einmal für sich sind, fühlt es sich so an, als würden sie an Energie verlieren. Im Gegensatz dazu sind introvertierte Personen gern allein und brauchen nach einer Phase, in der sie viel von anderen Menschen umgeben sind, etwas Zeit für sich, um sich wieder aufzuladen. Sie genießen die Gesellschaft von anderen Menschen zwar auch, aber nur bis zu einem bestimmten Punkt. Ab dann möchten sie lieber Zeit allein verbringen.

Die vierte Dimension ist die Verträglichkeit.

Menschen mit einer hohen Ausprägung sind kooperativ, können sich gut in andere Personen hineinversetzen, sind sozial wandelbar und haben ein

Gespür für den richtigen Moment. Währenddessen tun sich Personen mit einer niedrigen Ausprägung der Verträglichkeit in sozialen Situationen eher schwer. Sie treten anderen nicht wohlwollend gegenüber, sind tendenziell egoistisch sowie von ihren eigenen Wünschen geleitet und können die Bedürfnisse anderer nicht oder nur schwer verstehen.

Zuletzt gibt es noch die Dimension des Neurotizismus.

Personen mit einer hohen Ausprägung in Neurotizismus sind ängstlich, emotional labil und können eigene Emotionen nur schwer steuern oder regulieren. Sie haben viele Gefühle und diese äußern sich auch sehr stark. Sie neigen zu Wutausbrüchen und zu irrationalem Denken und Handeln. Personen mit einer niedrigen Ausprägung in Neurotizismus sind hingegen emotional stabil, können sich selbst gut regulieren und empfinden Gefühle eher wenig intensiv.

Als eine Persönlichkeit werden Merkmale gezählt, die stabil sind und über einen längeren Zeitraum das Handeln und Denken einer Person beeinflussen. Gefühle gehören deswegen auch nicht zur Persönlichkeit. Sie treten nur kurz auf und sind, wenn sie länger vorhanden sind, eher von äußerlichen Umständen bedingt.

Die Persönlichkeit eines Menschen ist nicht leicht zu erfassen. Meist beruhen die Ergebnisse einer Persönlichkeitsuntersuchung auf den eigenen Aussagen einer Person. Jemand wird beispielsweise gefragt, ob er eher extrovertiert oder introvertiert ist. Diese Frage wird in mehreren Folgefragen geprüft, um zu versichern, dass sie richtig verstanden wurde, und damit eine Differenzierung stattfinden kann. So lässt sich feststellen, auf welcher Seite ein Mensch sich bewegt: Ist er eher introvertiert oder eher extrovertiert?

Bei der Untersuchung einer Persönlichkeit stellt sich der Wahrheit jedoch zusätzlich ein Effekt in den Weg, der bei allen Menschen auftritt und sich nahezu unmöglich beseitigen lässt. Personen erhöhen sich und ihre Persönlichkeit selbst. Besonders wenn Tests von Interviewern durchgeführt werden, kann dies dazu führen, dass man selbst besser dastehen möchte, als man sich wirklich empfindet. So antwortet man das, von dem man meint, dass es ‚richtig' oder ‚gut' wäre. Zudem sehen die meisten Menschen sich selbst automatisch etwas klüger, schöner und charmanter, als sie es wirklich sind. Auch diese Wahrnehmung schlägt sich in den Antworten nieder.

Die Persönlichkeiten von Menschen zu beweisen, festzustellen oder zu untersuchen, ist deswegen oft schwer. Erste Eindrücke prägen; die Gedanken sind frei und so richtig kann man einen Menschen nie kennenlernen, selbst wenn man jeden Tag seines Lebens mit ihm verbringt. Denn letztendlich erlebt man ihn nur in der Anwesenheit anderer. Persönlichkeit ist jedoch trotzdem ein wichtiger Punkt in der systemischen Beratung und darf nicht vernachlässigt werden. Hier kann es sich der Berater zur Aufgabe machen, die Persönlichkeit einer Person so gut wie möglich zu entschlüsseln und mit den Ergebnissen zu arbeiten.

Im Anschluss an die Ermittlung der Persönlichkeiten, egal, nach welchem Modell vorgegangen wird, kann man feststellen, dass verschiedene Menschen mit ihren Persönlichkeiten auch **unterschiedliche Bedürfnisse** haben. Es gibt Personen, die brauchen die Gesellschaft von anderen mehr und öfter als andere. Dann gibt es wieder Menschen, die gern alles ordnen und planen. Andere Menschen hingegen leben lieber in einer chaotischen Wohnung und setzen ihre Prioritäten anders.

Durch die gewünschte Art, zu leben, entwickelt sich auch in Familien ein Konflikt, obwohl die Mitglieder miteinander verwandt sind. Denn auch wenn zwei Menschen ein Kind zeugen, wächst dieses Kind nicht als Klon der Mutter oder des Vaters auf: Es ist ein eigener Mensch, der in seiner Persönlichkeit auch durch die individuelle Umwelt und seine Erfahrungen geprägt wird. Innerhalb einer Familie entstehen unter anderem deswegen Konflikte. Es kommt vor, dass sich Personen zu sehr ähneln und dadurch „aneinanderreiben". Aber auch Unterschiede in der Persönlichkeit können das Leben schwer machen. Man sieht Dinge anders, setzt andere Prioritäten oder wünscht sich eine andere Art der Struktur im Haushalt. Doch nicht nur die Persönlichkeit hat einen Einfluss auf das Zusammenleben in einer Familie.

Dynamiken innerhalb einer Familie oder familienähnlichen Struktur

Zunächst muss definiert werden, in welchem Kontext Menschen miteinander leben. In den allermeisten Fällen wohnt man als Kind und Heranwachsender mit seinen Eltern zusammen. Im jungen Erwachsenenalter zieht man aus und lebt erst dann wieder mit einer Familie zusammen, wenn man selbst eine gegründet hat. Zu Beginn seines Lebens ist man finanziell und emotional von seinen Eltern abhängig: Man lebt von ihrem Geld und holt sich von ihnen Bestätigung und das Wissen über die Welt. Wenn man schließlich selbst eine Familie gegründet hat, befindet man sich auf der anderen Seite: Nun möchte man selbst seinen Kindern Schutz bieten und ihnen alles ermöglichen. Man erkennt in diesem Moment die Konflikte, in denen sich die eigenen Eltern mit einem selbst vor Jahrzehnten befanden, und versteht eines ganz deutlich: Eltern sind auch nur Menschen, die Kinder bekommen haben. Als Elternteil kann man nicht perfekt sein und man kann auch nicht alles richtig machen.

Die Forschung hat bislang zeigen können, dass es Generationen nicht wirklich gibt: Das bedeutet, dass Menschen nicht grundsätzlich dadurch unterschiedlich sind, dass sie in einer anderen Zeit geboren wurden. Doch kann man sagen, dass es trotzdem prägend ist, in welcher Zeit man aufwächst. So befinden sich bei vielen Nachkriegskindern im Keller immer noch viele Einmachgläser mit genügend Essen und wenn die Enkelin ihren Teller nicht aufisst, wird bloß der Kopf geschüttelt. Auch Kinder, die jetzt zu Zeiten von Nachhaltigkeit und Klimaschutz geboren wurden, denken durch ihre Welt, in die sie geboren wurden, anders. Generationen unterteilen die Menschheit nicht in klare Kategorien, doch die Zeiten, in denen man geboren wurde, und die Welt, die sich inzwischen verändert hat, prägen einen trotzdem. Hier kann es schnell zu Konflikten kommen. Eltern verstehen die Beweggründe der Kinder nicht und Kinder die Verhaltensweisen der Eltern nicht. Immer wieder entsteht dieses Gespräch:

„Als ich ein Kind war, haben wir das anders gemacht.“

„Ja, damals. Aber heutzutage machen wir das eben so!“

Mit den Generationen muss auch gleich ein zweiter Konfliktherd genannt werden: die Lebensabschnitte. Eine Person, die am Anfang ihres Lebens steht, ist von Wünschen, Idealen und Naivität getrieben. Personen, die schon eine gewisse Lebenserfahrung besitzen, sind währenddessen eher abgebrüht, haben sich mit dem abgefunden, was ist, und denken praktisch. Als **Kind** überwiegen die Naivität und die Neugierde. Man hinterfragt Systeme und Vorgehensweisen.

Als **Jugendlicher** versucht man hingegen, sich selbst kennenzulernen und seine individuellen Wünsche herauszufinden. Als junger Erwachsener hat man seine eigene Persönlichkeit in etwa gefunden und sucht nun einen Platz in der Gesellschaft. Man versucht, die Nische zu finden, die es einem ermöglichen könnte, seine Ideale zu verfolgen und die Welt ein Stück weit zu verändern.

Diese Phase hält bis zu dem Zeitpunkt an, an dem man selbst **Elternteil** wird und eine Familie gründet. Nun liegt der Fokus nicht mehr auf den eigenen Idealen und der Karriere, sondern auf dem Wohl des Kindes. Man macht Kompromisse, um dem Kind das bestmögliche Leben zu bieten. Als Elternteil wird man teilweise wieder in seine Kindheit zurückgeworfen. Man erlebt durch die Augen des eigenen Kindes erneut, wie die Welt funktioniert und welche Werte wirklich wichtig sind. Das kann zu einer Veränderung der eigenen Ideale führen und dazu, sich selbst umzuorientieren und beispielsweise den Beruf zu wechseln. Es kann aber auch dazu führen, dass man sich und seine Ansichten verteidigt und das Kind mit seinen Idealen von sich wegschiebt. Man versucht dann, durch Distanz zum Kind dieses auf das Leben vorzubereiten und praktische Tipps zu geben.

Ein weiterer schwieriger Lebensabschnitt folgt dann, wenn man sich gleichzeitig um die eigenen Kinder und **um die Eltern kümmern** muss. Dies kann dazu führen, dass man sich selbst und seine Bedürfnisse vernachlässigt, um beide Generationen zu versorgen. Wenn man selbst ins höhere Alter kommt, versucht man immer noch, nahe am Leben der Kinder zu sein und sich um sie zu kümmern. Doch immer häufiger wird einem dann klar, dass man selbst nun wieder Hilfe braucht. In dieser Zeit reflektiert man viel und denkt an sein Leben zurück; zugleich versucht man, sich auf das Ende des eigenen Lebens vorzubereiten.

Innerhalb der einzelnen Lebensabschnitte entstehen verschiedene Bedürfnisse. Natürlich können diese individuell variieren. Durch Probleme in der Entwicklung oder durch vernachlässigende Eltern kann ein Kind schon weiter sein oder länger mit der Identitätssuche brauchen.

Während der gesamten Kindheit, Jugend und auch noch im jungen Erwachsenenalter findet ein Mensch heraus, wer er wirklich ist und was ihn ausmacht. Dazu gehört auch die **Geschlechtsidentität**. Hier entsteht unabhängig davon, ob man sich als das Geschlecht fühlt, was einem bei der Geburt zugewiesen wurde, ein klarer Konflikt: Man möchte sich selbst als das eigene Geschlecht behaupten und die Aufgaben des Elternteils übernehmen, der das gleiche Geschlecht hat. Sigmund Freud führt diese Theorie noch weiter aus: Der Mensch wolle den Elternteil mit dem gleichen Geschlecht ersetzen und seinen Platz einnehmen.

Doch unabhängig davon, ob man von dieser Theorie überzeugt ist oder nicht, ist klar, dass man sich vor seinen Eltern als vollwertiger erwachsener Mensch behaupten möchte. Man strebt von klein auf die Unabhängigkeit von den Eltern an und versucht beispielsweise, durch kleine Jobs das eigene Taschengeld zu verdienen, mit dem Fahrrad allein den Schulweg zu bestreiten und in der ersten eigenen Wohnung den Haushalt ohne die Hilfe der Eltern zu meistern.

Ein Konflikt ergibt sich dann, wenn einem klar wird, dass man Hilfe braucht und doch nicht so unabhängig ist, wie man es sein wollte, oder wenn man Hilfe sucht und sie nicht bekommt. Die Suche nach Unabhängigkeit und Geschlechtsidentität wird von den Eltern verfolgt und begleitet.

Sie fühlen sich hin- und hergerissen und versuchen auf der einen Seite, Hilfestellungen zu geben und ihr Kind auf den richtigen Weg zu leiten, und auf der anderen Seite, sich genügend zurückzuhalten. Das kann zu Unsicherheiten führen und dazu, dass Kinder und Jugendliche ambivalente Signale bekommen. Oft verwenden Eltern diesen Satz: *„Du willst, dass wir dich wie ein Erwachsener behandeln, also verhalte dich auch so.“* Der Übergang vom Kind zum Erwachsenen ist nicht mit der Pubertät abgeschlossen. Auch im Alter von 17 Jahren und darüber hinaus brauchen Menschen mit einigen Dingen noch Hilfe.

Die Bedeutung des sozialen Umfeldes

Neben den Verhältnissen in der Familie und den emotionalen Werdegängen der einzelnen Familienmitglieder gibt es noch das **soziale Umfeld**. Auch dieses hat eine starke Wirkung auf die Entwicklungen und Dynamiken in der Familie und schafft das System, in dem die Familie funktioniert. Das soziale Umfeld besteht aus verschiedenen Aspekten. Zunächst sind die einschneidenden Ereignisse zu nennen. Diese können vielfältig sein und sich auch auf normale Wandel beziehen, die jedes Kind und jeder Erwachsene durchleben muss.

Diese Ereignisse, die das soziale Umfeld und die in ihm lebenden Menschen prägen, können aber auch besonders und einzigartig sein. Dazu können Kriege, Hunger und Naturkatastrophen gehören, die die Denkweise aller Beteiligten verändern. Auch Schicksalsschläge, die nur einzelne Menschen im näheren Umfeld betreffen, können als einschneidende Ereignisse gezählt werden. Dazu gehören Krankheiten von Eltern, Kindern oder Geschwistern oder Tragödien, die sich im nahen sozialen Umfeld abspielen.

Einschneidende Ereignisse können die Art des Denkens verändern und dafür sorgen, dass Prioritäten unterschiedlich gesetzt oder verschoben werden. Nach Kriegen beispielsweise ist es erst einmal unwichtig, was andere von einem denken. Solange man ein Dach über dem Kopf und genug zu essen hat, kann man zufrieden leben. Nach einer schweren Krankheit freut man sich über Gesundheit und nach einer Naturkatastrophe steht erst einmal der Aufbau der Gemeinde im Zentrum.

Besonders für Kinder im Schulalter und für Jugendliche sind **Freunde** und Klassenkameraden eine prägende Kraft. Hier kann sich im Rahmen der Schule an sozialen Szenarien erprobt werden. Freunde und Schulkameraden haben in diesen Jahren einen stärkeren Einfluss auf die Kinder als die Eltern oder Verwandten. Die Interaktionen mit Freunden und das Umfeld, in dem man sich bewegt, haben einen Einfluss auf Verhaltensweisen. Verhaltens- und Denkweisen von Kindern und Jugendlichen können sich beispielsweise verändern, wenn man umzieht, wenn Freunde straffällig werden oder wenn die Schule in einem schwierigen Bezirk angesiedelt ist.

Auch **Interaktionen**, besonders dann, wenn sie negativ sind, können dazu führen, dass das Selbstbewusstsein verringert wird und sich das Verhalten verändert. Wird ein Kind in der Schule ausgegrenzt und gehänselt, kann es zu Hause zu Aggressionen, Frustrationen oder Depressionen kommen. Kinder, die aus Scham nicht über ihre Probleme reden, werden oft falsch von ihren Eltern interpretiert. Aber das Interagieren mit anderen kann auch positive Auswirkungen haben. Beispielsweise kann ein Kind Konflikte in der Schule genauso lösen lernen, wie es sie auch zu Hause löst. Die Eltern können dem Kind Problemlösestrategien mitteilen und diese können vom Kind in der Schule angewendet werden. Das führt zu Erfolgserlebnissen und dazu, dass sich das Kind die Strategien merkt.

Die **Schule** kann ebenso Einfluss auf die Eltern haben. Denn auch sie gingen einst zur Schule und erleben nun ihre Schulzeit durch die Kinder erneut. Oft wollen Eltern ihren Kindern mit Problemen in der Schule helfen und schlagen ihnen die Dinge vor, die ihnen damals halfen. Doch diese sind für die eigenen Kinder manchmal nicht nützlich. Das kann Eltern frustrieren und sie daran erinnern, dass sie nicht alle Faktoren der Umwelt im Leben ihrer Kinder kontrollieren können.

Das soziale Umfeld wird auch durch die **Arbeit** der Eltern geprägt. Wenn Erwachsene in ihrem Job aufgehen und einen Sinn hinter dem, was sie tun, sehen, kann sich das positiv auf das Leben mit der Familie auswirken. Sie nehmen die positiven und hoffnungsvollen Einstellungen mit nach Hause und bringen ihren Kindern bei, dass Arbeit etwas Schönes und Erfüllendes sein kann. Das kann auch noch davon unterstützt werden, dass sie genügend Geld verdienen und sich Urlaube, ein schönes Haus und neueste Technologien leisten können.

Auf der anderen Seite kann ein nicht erfüllender Job aber auch dazu führen, dass die schlechte Laune und die Frustration mit nach Hause genommen und an der Familie ausgelassen werden. Stress, Ärger und Probleme können nicht nur auf der Arbeit, sondern auch am Küchentisch zu Herausforderungen führen. Zusätzlich zu den inhaltlichen Problemen der Arbeit können auch Geldsorgen aufkommen, die sich negativ auf das Familienleben auswirken können.

Ein einschneidendes Erlebnis im Bereich der Arbeit ist die Kündigung des Jobs. Diese kann als neue Chance zur Umorientierung genutzt werden, aber auch die Erwachsenen in der Familie in Bedrängnis bringen. Im schlimmsten Fall kann sie zu Armut und Hunger führen.

Mit dem sozialen Umfeld kommt auch die **Kultur** hinzu, die das nähere soziale Umfeld prägt und verändern kann. Die Kultur beeinflusst Erwartungen, Verhaltensmuster und den Grad an individueller Freiheit, den jede Person hat. Wenn eine Kultur eher individualistisch geprägt ist, hat jeder Mensch so viel Freiheit, wie er sich nur erdenken kann. Er kann die Arbeit ausführen, die er will, und mit seinem Geld das tun und lassen, was er möchte. Auf der anderen Seite sind Personen in individualistischen Gesellschaften auch eher egoistisch, helfen sich nur ungern und vertrauen darauf, dass jeder für sich allein sorgen kann. Wenn eine Kultur eher kollektivistisch geprägt ist, ist die Freiheit des Individuums eingeschränkt. Eventuell kann nicht das beruflich gemacht werden, was man möchte, und auch über das Geld kann nicht frei verfügt werden. Auf der anderen Seite hingegen hilft man sich in diesen Gesellschaften und schaut darauf, dass jeder Mensch versorgt ist und das hat, was er braucht. Selbstverständlich sind die diversen Kulturen und Länder nicht alle zu einhundert Prozent kollektivistisch oder individualistisch, jedoch kann man beispielsweise sagen, dass die Vereinigten Staaten von Amerika stark individualistisch sind und China stark kollektivistisch geprägt ist. Deutschland befindet sich in der Mitte, neigt aber eher zum Kollektivismus.

Mit der Kultur gehen auch Erwartungen an einzelne Personen einher. Das schließt das Geschlecht und die Gesellschaftsschicht ein. So kann es sein, dass von dem Sohn eines Tischlers erwartet wird, dass auch er den Beruf des Tischlers ergreift und sich entsprechend seines Geschlechtes verhält. Das kann bei der Identitätsfindung helfen, sie aber auch blockieren und erschweren. Gerade Menschen, die in Armut groß geworden sind und erst im mittleren Alter Wohlstand erreicht haben, merken erst dann, wer sie eigentlich sind und was sie wirklich wollen. Rollenbilder und Erwartungen an Menschen können beklemmend sein und unglücklich machen.

FACHBEGRIFFE DER SYSTEMISCHEN BERATUNG

Immer wieder tauchen im Zusammenhang mit der systemischen Beratung bestimmte Fachbegriffe auf, die wichtig für das Verständnis der Methoden der Systemik sind. Hier sollen die wichtigsten einmal aufgezählt und erklärt werden.

Systemik

Die **Systemik** ist eine Form der Therapie und beschäftigt sich in erster Linie mit den Systemen, in denen Menschen funktionieren.

Die Systemik geht davon aus, dass es die Systeme sind, die das Verhalten der Menschen ermöglichen oder blockieren. Auch psychische Probleme werden laut der Systemik durch die Systeme gefördert und kontrolliert. Die systemische Therapie untersucht deswegen auch eher die sozialen Zusammenhänge und wird in der Regel nicht in der Einzeltherapie, sondern nur als Methode bei Gruppentherapien verwendet, um die Dynamiken zu reflektieren und zu verändern.

Familie

Eine **Familie** besteht aus mindestens zwei Personen, die miteinander leben. Die Mitglieder einer Familie wohnen im gleichen Haus und teilen sich einige Räume. Familien müssen nicht die biologischen Eltern und ihre Kinder sein.

Auch kann sich aus einer Wohngemeinschaft eine Familie entwickeln und auch hier kann es zu Problemen kommen. Im Vordergrund stehen jedoch immer die allgemeine Zuneigung zueinander und der geteilte Lebensraum. Man möchte miteinander leben, sich aber so wenig wie möglich von den anderen einschränken lassen. Wohngemeinschaften, Freundesgruppen oder mehrere biologische Familien unter einem Dach können auch als familienähnliche Strukturen bezeichnet werden.

Impuls

Ein System funktioniert ohne weitere Anstrengungen von außen. Es muss also nicht erst aktiviert werden, sondern läuft automatisch im Hintergrund weiter und prägt ohne Wissen der Beteiligten deren Leben. Ein **Impuls** ist ein **aktiver Anreiz des Beraters**, der auf das System aufmerksam machen soll oder es stören kann. Dieser Impuls kann eine Tat, ein Wort oder ein theoretischer Ablauf sein. Der Impuls soll dazu führen, dass die Mitglieder der Familie ihre Aktionen reflektieren und sich fragen, warum sie so handeln und ob sie weiterhin so handeln wollen. Mithilfe von Impulsen erfragt sich der Berater zudem das System. Um es von außen verstehen zu können, muss er zunächst hinter die Mechanismen blicken, die für die Mitglieder der Familie passiv und unerkannt geblieben sind.

Reaktion

Reaktionen entstehen in einem System fortlaufend. Sie folgen immer dann, wenn ein Mitglied des Systems eine Handlung ausgeführt hat. Wenn Person A beispielsweise laut ist, kann die Reaktion von Person B sein, sie zu ermahnen, nicht zu nerven. Diese Reaktion von Person B kann dann zu einer Reaktion von Person C führen, die sich darüber beschwert, dass sich Person B immer wichtiger tut, als sie ist. So bewegen sich die Mitglieder des Systems im Kreis und auf eine Reaktion folgen die nächste und die übernächste.

Wechselwirkung

Durch die **aufeinanderfolgenden Reaktionen innerhalb eines Systems** ergeben sich immer wieder weitere Reaktionen, die andere Handlungen und Gedanken bei allen Beteiligten auslösen. Diese können auch als Wechselwirkungen bezeichnet werden. Eine Person sagt etwas und löst dadurch eine Reaktion bei einer anderen Person aus. Diese sagt etwas zurück zur ersten Person, was eine weitere Reaktion nach sich zieht.

Umstrukturierung

Das Ziel einer systemischen Beratung liegt in der Umstrukturierung des Systems. Diese sorgt dafür, dass sich Verhaltensweisen und Abläufe langfristig verändern. Die Umstrukturierung fängt an der Basis des Systems an und funktioniert nur dann, wenn das gesamte System offengelegt und hinterfragt wurde. Bei der systemischen Beratung entscheiden die Klienten, wie viel und inwiefern sie ihr Familiensystem umstrukturieren wollen.

Wer profitiert wann von der systemischen Beratung?

Die systemische Beratung ist für viele Menschen geeignet. Jedoch ist darauf zu achten, dass man durch die systemische Beratung die Hilfe bekommt, die man braucht. Es gibt durchaus Menschen und Situationen, die nicht von einer systemischen Beratung profitieren und deren Probleme durch diese eventuell noch schlimmer werden können. In diesem Kapitel sollen deswegen Personen, Gruppen und Situationen vorgestellt werden, die von einer systemischen Beratung profitieren, und solche, die bei anderen Therapieformaten besser aufgehoben sind.

WER VON EINER SYSTEMISCHEN BERATUNG PROFITIERT

Zuerst soll es um die Menschen gehen, die von der systemischen Beratung profitieren können, und entsprechend um Situationen, in denen man sich durch eine systemische Beratung Hilfe holen kann, um seine Probleme gemeinsam mit einem Berater zu lösen.

Ein System muss es sein

Die systemische Beratung ist als Gruppentherapie angelegt. Selbstverständlich kann es innerhalb der Beratung auch Stunden geben, in denen der Berater sich nur mit einer Person unterhält und dies sogar allein mit ihr tut, doch auf längere Sicht hilft eine systemische Beratung nur dann weiter, wenn die ganze Gruppe beteiligt ist. Das bedeutet, dass die Menschen von einer systemischen Beratung nur dann wirklich profitieren können, wenn alle anwesend sind und bei dem Prozess mitmachen. Nicht praktikabel ist es beispielsweise, dass sich nur eine Person des Systems beraten lässt, daraufhin das Gelernte mit nach Hause trägt und dort versucht, es anzuwenden und den anderen zu erklären. Das System muss gemeinsam offengelegt werden, damit es von allen verstanden wird und damit sich etwas verändern kann.

Familien in schweren Situationen

Familien, die sich in schweren Situationen befinden, profitieren auf jeden Fall von einer systemischen Beratung. Schwere Situationen können **Umbrüche** im Leben sein, ein **Umzug**, **Probleme in der Schule** oder **Arbeitslosigkeit** eines Elternteils. Eine systemische Beratung kann in solchen Situationen dabei helfen, die schweren Situationen gemeinsam und produktiv zu überstehen. In der systemischen Beratung wird offengelegt, welche Situationen zu Konflikten führen und was das emotional mit den anderen Familienmitgliedern macht. Spannungen zu Hause können schwierige Situationen in der Umwelt nur noch schlimmer machen, deswegen bietet es sich an, schon dann eine systemische Beratung aufzusuchen, wenn die schwierige Situation sich durch Probleme bemerkbar macht, aber noch nicht eskaliert ist.

Familien, die sich oft streiten

Schwierige Situationen sind meist nicht permanent. Sie werden eher als eine Krise gesehen, die eine Zeit lang anhält und dann wieder verfliegt bzw. gelöst wird. Doch das kann auch anders sein: Es gibt durchaus Familien, die über Jahre hinweg unter ihrer Familiensituation leiden. Dafür gibt es meist keinen konkreten Auslöser. So kann es vorkommen, dass sich Familien über Jahre hinweg zu Hause anschreien, sich so weit aus dem Weg gehen, wie es nur möglich ist, oder die Kinder sogar daran denken, auszuziehen, weil sie die Situation zu Hause nicht mehr aushalten. Im Falle eines Konflikts, der Jahre lang anhält, kann eine systemische Therapie dabei helfen, herauszufinden, wie die Mechanismen entstanden sind und warum sich nichts am Verhalten der Familienmitglieder ändert.

Menschen, die miteinander leben

Nicht nur Familien im klassischen Sinne leben zusammen. Auch Menschen, die nicht miteinander verwandt sind, können im gleichen Haus oder in derselben Wohnung leben. Auch hier kann die systemische Beratung weiterhelfen. Denn auch Menschen, die nicht finanziell oder emotional voneinander abhängig sind, können sich in den eigenen vier Wänden streiten und sich in Mechanismen und Mustern verfangen. Hierbei kann es sich um Wohngemeinschaften von Freunden, Bekannten oder vorher Fremden handeln, die immer wieder im gemeinsamen Haus Ärger miteinander haben. Auszug oder Trennung ist hier manchmal die Lösung, aber nicht immer. Gerade, wenn es nicht möglich ist, sich räumlich zu trennen, kann eine systemische Beratung die Lösung des Problems sein. Hier wird passive Aggressivität zurückgelassen und aktiv gemeinsam in die Zukunft geblickt.

Arbeitskollegen und Teams

Bisher ging es immer nur um Familien oder Freunde, also um Kontakte, die man privat und/oder freiwillig geschlossen hat. In einigen Fällen kann die systemische Beratung jedoch auch in Teams und unter Arbeitskollegen helfen. Hier kommt es natürlich auf die individuelle Situation an, aber gerade da, wo Menschen länger gemeinsam arbeiten und sich zwischenmenschlich schwertun, kann eine systemische Beratung helfen.

Wichtig ist, dass die gemeinsame Arbeit schon eine Weile andauert, um auszuschließen, dass man sich nur aneinander gewöhnen muss. Eine systemische Beratung ist dann nützlich, wenn eine Gruppe von Menschen länger als ein halbes Jahr miteinander gearbeitet hat, sich nicht versteht und ihre zwischenmenschlichen Probleme den Prozess der Arbeit stören.

WER NICHT VON EINER SYSTEMISCHEN BERATUNG PROFITIERT

Nicht in allen Fällen profitieren Menschen von einer systemischen Beratung. Es gibt auch Situationen, in denen sie nicht helfen kann oder in denen sie das Problem von der falschen Seite angeht. Um selbst grob navigieren zu können, ob eine systemische Beratung zur Situation und zum Menschen passt, folgen nun die Fälle, in denen eine systemische Beratung lieber ausgelassen werden sollte.

Einzelpersonen, die stark psychisch erkrankt sind

Das **Gegenteil einer Indikation ist eine Kontraindikation** und meint den Rat, etwas gerade dann nicht zu tun. Eine Kontraindikation für die systemische Beratung und Therapie kann bei Menschen ausgesprochen werden, die allein zur Therapie kommen und starke psychische Probleme haben. Das kann eine schwere Depression sein oder sogar eine beginnende Psychose, bei der bereits erste Halluzinationen aufgetreten sind. Eine einfache systemische Beratung ist hier nicht hilfreich und selbst eine systemische Therapie, die von einem ausgebildeten Psychotherapeuten ausgeführt wird, kann nur wenig helfen. Diese Arten der Erkrankung müssen zunächst vom Psychiater und dann von einem Psychotherapeuten angegangen werden, der seinen Schwerpunkt in der Tiefenpsychologie oder der Verhaltenstherapie hat. Selbst wenn eine einzelne Person zur Therapie kommt, die nicht stark psychisch erkrankt ist, kann es sein, dass eine systemische Therapie oder Beratung nicht das Richtige ist. Das ist besonders dann der Fall, wenn die Menschen im Umfeld, wie die Familie, Freunde oder Kollegen, nicht Teil der Beratung sein wollen. Es gibt durchaus die Möglichkeit, als Einzelperson eine systemische Therapie zu beginnen, jedoch ist hier meist nur die erste Beratungsstunde eine Einzelstunde. Danach werden alle Beteiligten des Systems zur Beratung hinzugezogen. Ein System kann nicht aus Sicht einer einzelnen beteiligten Person erklärt werden. Es muss von außen vom Berater erkannt und hinterfragt werden.

Personen, die nicht gemeinsam leben oder sich nur selten begegnen

Die systemische Beratung und Therapie richten sich an Gruppen, da in ihnen die Systeme verborgen sind, die einem das Leben schwer machen können. Deswegen sind Gruppen immer bei der systemischen Beratung willkommen. Doch es gibt auch eine Art von Gruppe, der bei der systemischen Beratung nur wenig geholfen werden kann. Das sind Gruppen, deren Mitglieder nicht regelmäßig miteinander verkehren, nicht gemeinsam leben oder sich durchaus auch aus dem Weg gehen können. Freundesgruppen, die nicht zusammen leben oder miteinander arbeiten, müssen keine systemische Beratung aufsuchen. Auch Familien, die sich nicht oft sehen und sich einmal zu Weihnachten streiten, können eher wenig von einer systemischen Therapie profitieren. Hier fehlt das täglich benutzbare System, das bei der Beratung eigentlich untersucht werden soll. Wenn dieses nicht oft in Aktion tritt, kann es schlecht in der Therapie erkannt werden. Die Systeme, die bei der Beratung untersucht werden, sind die, die entstehen, wenn mehrere Menschen für eine längere Zeit miteinander leben, voneinander abhängig sind oder miteinander arbeiten. Es ist notwendig, das eigene System zu verstehen. Gruppen von Menschen können sich durchaus auch einfach mal nicht vertragen und nicht jeder muss mit jedem klarkommen. Wenn es also nicht notwendig ist, miteinander zu verkehren, und man nicht voneinander abhängig ist, muss man keine systemische Therapie aufsuchen.

Wenn einer es nicht will

In einer systemischen Beratung arbeitet eine Gruppe von Personen mit einem Therapeuten oder einem Berater. Deswegen sollte nicht nur ein Teil der Gruppe sich auf die Beratung einlassen. Alle Gruppenmitglieder sollten bei der Therapie mitmachen, dabei sein und sich öffnen können. Wenn sich ein Teil der Gruppe nicht öffnet, kann die systemische Therapie zu keinem Erfolg kommen. Eine **systemische Beratung bringt dann nichts, wenn eine Person nicht Teil des Prozesses sein will** oder sich dem Therapeuten nicht öffnen möchte. Bei der zweiten Variante kann ein anderer Berater aufgesucht werden. Es ist durchaus möglich, zwischenmenschlich keine Verbindung mit dem Berater zu haben. Wenn diese nicht da ist, ist es vertretbar, einen anderen aufzusuchen. Wichtig ist nur, dass alle Mitglieder des Systems gewillt sind, das System zu verbessern.

Kompetenzen einer beratenden Person

Dieses Kapitel beschäftigt sich intensiv mit der beratenden Person und den Kompetenzen, die ein guter Berater haben sollte. Das kann bei der Auswahl eines geeigneten systemischen Beraters helfen oder auch die eigene Ausbildung zum Berater unterstützen.

KOMPETENZEN NACH CARL ROGERS UND DER MODERNEN PSYCHOTHERAPIE

Der Psychotherapeut Carl Rogers konterte auf die Psychoanalyse Freuds mit seinen eigenen Regeln der Kommunikation mit Patienten. Freud, der Vater der Psychoanalyse und der Gesprächstherapie, hatte zuvor in seinen Büchern und Artikeln geschrieben, dass es für einen Therapeuten wichtig sei, sich emotional zu distanzieren und keine Empathie für den Patienten zu empfinden.

Das bedeutete für Freud beispielsweise, dass er den Patienten während der Therapiestunden nicht ansah, kaum mit ihm redete und wenn, dann nur sehr sachlich. Freud sah auf den Patienten herab, verstand sich in der beurteilenden Rolle. Schon zu Beginn notierte er sich die Fehler, Diagnosen und Verhaltensstörungen des Patienten und ließ sich während des weiteren Verlaufs der Therapie nicht in die Karten blicken. Auch wenn Freud also im Raum saß und ab und zu nachfragte, war der Patient im ersten Entwurf der Gesprächstherapie auf sich allein gestellt.

Der Psychotherapeut Carl Rogers entwarf andere Regeln, nachdem er die von Freud vorgeschlagenen Methoden ausprobiert hatte. Er stellte fest, dass die Distanz und der herabschauende Blick nicht halfen, den Patienten verunsichern konnten und zu geringen Therapieerfolgen führten. Daher baute er seine Therapiestunden auf Empathie und Akzeptanz auf.

Empathie und emotionale Distanz

Was bedeutet Empathie? **Empathie ist das Mitgefühl, das es Menschen erlaubt, sich in die Lage eines anderen hineinzuversetzen.** Sie sorgt dafür, dass wir verstehen, dass der andere in seiner Situation bestimmte Gefühle hat, dass der Nagel in unserem Fuß genauso schmerzt wie der im Fuß des anderen. Empathie ist überlebenswichtig und dafür verantwortlich, dass Menschen schon in den vergangenen Jahrtausenden funktionierende Gesellschaften und Gemeinschaften aufbauen konnten.

Auch wenn es auf den ersten Blick so scheinen mag, ist die emotionale Distanz nicht das Gegenteil der Empathie, sondern nur eine Begrenzung. Empathisch kann auch der sein, der sich von anderen abgrenzen kann. Sich grenzenlos in den anderen Menschen hineinzuversetzen und dessen Schmerz als den eigenen zu spüren, kann nämlich auch dazu führen, dass man selbst sein Leid erhöht, ohne das des anderen zu verringern. Man kann die Probleme und den Schmerz der anderen Person auf sich selbst laden und doch nicht weiterhelfen.

Carl Rogers schreibt in seinen Regeln der Kommunikation und Interaktion mit Patienten, dass es wichtig ist, dem Patienten empathisch zu begegnen. Das bedeutet, dass man den Schmerz nachvollziehen kann und dies auch bekunden darf. Man muss also nicht, wie Freud es schrieb, neutral und unparteiisch bleiben. Man darf dem Klienten mitteilen: *„Ich kann mir vorstellen, dass das wehtat. Mich würde das auch sehr verletzen.“*

Damit baut man eine positive Beziehung zum Klienten auf und zeigt die eigene Menschlichkeit. Wenn sich der Klient verstanden fühlt, fällt es ihm zudem leichter, sich zu öffnen. Er unterhält sich dann mit einer Person, die auch Emotionen hat, die Freude und Mitgefühl zeigen kann und auf Augenhöhe mit ihrem Gegenüber spricht.

Ein kompetenter Berater ist empathisch, mitfühlend und zugleich distanziert in sich selbst. Er zeigt dem Klienten, dass er ihn verstehen kann und sich für ihn interessiert. In sich selbst ist dem Berater jedoch auch klar, dass er sich von den Problemen seines Klienten abgrenzen muss. Er kann die Probleme und das Leid des anderen nicht besser mit diesem bearbeiten, wenn er auch noch zu Hause darüber nachdenkt und die Probleme des Klienten zu den eigenen werden lässt.

Akzeptanz und Verständnis

Laut Freud sollte der Therapeut oder Berater den Patienten beurteilen und kritisieren, deswegen sei es auch nicht schlimm, wenn er diesen gar nicht mag. Freud sieht den Therapeuten eher als logische und sachliche Instanz, die weder Mitgefühl zeigen noch Verständnis haben muss. Wie aber schon im vorherigen Abschnitt über die Empathie gezeigt werden konnte, ist die zwischenmenschliche Nähe bis zu einem gesunden Punkt zwischen Berater und Klient gewollt und auch notwendig, um in der Therapie voranzukommen.

Doch darauf folgt noch ein weiterer wichtiger Aspekt: die Akzeptanz. Denn ein Berater sollte nicht nur Mitgefühl zeigen, sondern es auch wirklich empfinden. Nur wenn er den Klienten akzeptiert und eine generelle Sympathie für ihn hegt, kann er ihm auch helfen. Diese Akzeptanz schließt beispielsweise auch ein, dass der Berater auf der Seite des Klienten ist und sein Bestes will. Auch urteilt er nicht harsch über das Verhalten des Klienten. Dadurch bekommt der Klient die Möglichkeit, sich weiter zu öffnen und sich zu erklären. Urteilt der Berater stattdessen sehr stark über die andere Person, wird sich der Klient verschließen oder sich missverstanden fühlen.

Verständnis dem Klienten gegenüber äußert sich in Form des Zuhörens, des gemeinsamen Reflektierens und durch zwischenmenschliche Nähe. Der Fokus liegt immer auf dem Klienten, doch selbstverständlich kann der Berater selbst nicht verstecken, dass auch er ein Mensch ist und Emotionen hat. Diese können offen bekundet werden und sogar dem Klienten dabei helfen, sich selbst und seine Umwelt zu verstehen. Wenn der Klient beispielsweise erzählt, er habe etwas getan, kann der Berater dies kommentieren mit: *„Wenn Sie mir das gesagt hätten, wäre ich auch ähnlich wie Ihre Frau ausgerastet. Vielleicht nicht so sehr wie sie, aber ich wäre wütend gewesen."*

Dabei ist jedoch zwischen Emotionen zu unterscheiden, die gezeigt werden sollten und als eine Art Feedback fungieren, und denen, die besser nicht sichtbar werden sollten. Meinungen über Politik, Lebensweisen und Religion sollten nicht geäußert werden. Niemals sollte ein guter Berater dem Klienten beispielsweise sagen, dass seine Religion nicht die wahre ist, dass er die falsche Partei wählt oder nach den falschen Grundsätzen lebt. Ein guter Berater muss nicht neutral sein, aber er sollte dem Klienten wertfrei begegnen. Eigene Meinungen spielen keine Rolle und tragen auch nicht zum Beratungsprozess bei.

Was sollte also getan werden, wenn ein Berater bemerkt, dass er keine Empathie für den Klienten empfinden kann, er ihn nicht sympathisch findet oder sich nicht gut mit ihm unterhalten kann? In dieser Situation sollte ein klarer Cut gemacht werden. Es hilft weder dem Berater noch dem Klienten, sich weiter in Kontakt mit dem jeweils anderen zu befinden. Auch wenn man Sympathie vorgaukelt, wird dies trotzdem unecht wirken. Es ist deswegen wichtig, eine bis drei Probestunden durchzuführen, bevor man eine längere Behandlung miteinander beginnt. Es ist nicht verwerflich, sich einzugestehen, dass es zwischenmenschlich nicht klappt und dass der Klient bei jemand anderem besser aufgehoben wäre.

Die gleiche Devise gilt auch dann, wenn man bemerkt, dass man sich zu sehr an den Patienten bindet, sich in ihn verliebt hat oder nicht mehr neutral und wertfrei bleiben kann, da sich eine Freundschaft entwickelt hat. Auch dann sollte die Behandlung abgebrochen werden. Man kann in diesem Fall nicht mehr neutral sein und als Berater wenig helfen.

WIE SICH EINE BERATENDE PERSON WÄHREND EINES GESPRÄCHES VERHALTEN SOLLTE

Auch ohne die Grundsätze von Carl Rogers grundlegend studiert zu haben, können bestimmte Regeln festgelegt werden, die zu einem guten Beratungsgespräch führen. Neben Empathie und Akzeptanz dem Klienten gegenüber sollte der Beratende auf unterschiedliche Verhaltens- und Denkweisen achten.

Zuhören

Zuzuhören bedeutet nicht nur, die Worte, die den Mund des anderen verlassen, wahrzunehmen. Zuhören sollte in Therapie und Beratung immer aktiv sein. Das heißt, dass ein Berater nach dem Hören der Worte diese nicht nur verarbeiten und darauf reagieren muss, sondern sie auch seinem inneren Puzzle, das er von dem Klienten hat, hinzufügt.

Zuhören kann **aktiv** und **passiv** sein. Passiv hört man einem Film oder einem Theaterstück zu. Man saugt die Informationen und Geschehnisse auf und speichert sie für sich ab. Aktives Zuhören bedeutet hingegen, dass man nachfragt, dass man reagiert und seinem Gegenüber zeigt, dass man zuhört. Aktives Zuhören fordert mehr Aufmerksamkeit und ist energetisch anstrengender. Jedoch lohnt es sich. Denn nur aus dem aktiven Zuhören kann sich auch ein Gespräch ergeben. Erst wenn man nachfragt und versucht, zu verstehen, wie der andere tickt, kann man ihn auch kennenlernen. Dies ist zu vergleichen mit einer Maske, die sich jemand auf das Gesicht gesetzt hat, um seinen wahren Anblick zu verbergen.

Unklar ist, wie er unter der Maske aussieht. Eventuell ist er darunter noch hübscher als die Maske und traut sich nur nicht, sein wahres Ich zu zeigen. Vielleicht versteckt er Schwachstellen und Narben, die er nicht sofort zeigen möchte. Wenn das Gegenüber spricht, bekommt der Berater einen guten Eindruck von seiner Maske. Der Berater erfährt mit jedem Satz mehr darüber, wie sich der Klient ihm gegenüber präsentiert. Auch das kann helfen, ihn zu verstehen. Was kehrt er nach außen und was zeigt er freiwillig? Doch erst durch das **Nachfragen** kann der Berater dem Klienten die Maske langsam abnehmen und ihn verstehen. Er erfährt, wieso er sich überhaupt die Maske aufgesetzt hat und was sich hinter ihr verbirgt.

Nachfragen können inhaltlich und formell sein. Inhaltliche Nachfragen beziehen sich auf die Geschichte und die Zusammenhänge, von denen der Klient erzählt. Ein Beispiel einer solchen Nachfrage wäre: *„Warum mussten Sie sich damals weiterbilden für Ihren Beruf?“* Diese Frage greift den Klienten nicht an und entblößt nichts, was er nicht zeigen möchte. Er erklärt und rechtfertigt sich und sein Leben und füllt die Lücken, die seine Erzählungen in den Augen des Beraters gelassen haben.

Formelle Nachfragen oder Nachfragen, die sich auf der Meta-Ebene bewegen, können eher zu Unsicherheiten beim Klienten führen. Sie können aber auch bewirken, dass er sich selbst und seine Art des Denkens anzweifelt. Ein Beispiel einer solchen Nachfrage wäre: *„Haben Sie oft das Gefühl, sich selbst und Ihre Handlungen rechtfertigen zu müssen? Warum ist das so und an wen richten Sie sich da?“*

Während also die erste Art des Nachfragens inhaltliche Lücken für den Berater selbst klären soll, will der Berater mit den Metafragen zur Person den Klienten selbst zum Nachdenken und Reflektieren bringen. Es sind diese Nachfragen, die dem Klienten helfen, von seiner Maske loszulassen, sein wahres Ich zu zeigen und auch mit diesem zu arbeiten. Nun sollen noch ein paar Dinge erwähnt werden, die ein guter Berater während des Zuhörens tun kann, um zu signalisieren, dass er ganz bei seinem Klienten ist:

1. Augenkontakt halten:

Der Berater sollte den Augenkontakt zum Klienten nicht dauerhaft halten, um nicht einschüchternd zu wirken. Doch er sollte ihm immer wieder direkt in die Augen schauen, um zu zeigen, dass er ihm zuhört. Wenn man als Berater den Augenkontakt merkwürdig findet oder sich selbst davor scheut, kann man seinen Blick auch auf die Nase des Klienten richten. Dies erweckt den Anschein, dass man direkt in die Augen sieht.

2. Notizen machen:

Besonders am Anfang einer Beratung sollte sich ein guter Berater Notizen machen, um im Laufe der folgenden Stunden wieder Bezug nehmen zu können. Auch im digitalen Zeitalter sollte hier auf das gute alte Papier zurückgegriffen werden, da ein Laptop oder ein Tablet eine Barriere zwischen Berater und Klient aufbauen kann. Der Blick sollte zudem nicht immer auf das Blatt gerichtet sein. Es hilft, zwischendurch hochzuschauen oder es wegzulegen, wenn man mit den groben Notizen fertig ist.

3. Nicken, Lächeln und Gesichtsausdrücke zeigen:

Wenn man jemandem wirklich zuhört, zeigt man natürlich auch Gesichtsausdrücke. Man verzieht den Mund, wenn dem Protagonisten etwas passiert ist, man lächelt, wenn alles wieder gut geworden ist, oder man lacht über einen Witz. Dazu gehört auch, dass man nickt. Damit zeigt man dem anderen, dass man ihn versteht – oder auch, dass man ihm schlichtweg zuhört.

Im Hier und Jetzt bleiben

Es ist leicht, bei einer Beratungsstunde in Gedanken abzuschweifen. Nach einer Weile fällt es schwer, nur zuzuhören und nicht den eigenen Gedanken freien Lauf zu lassen. Man denkt plötzlich doch an die Mittagspause, an das Abendessen oder an die Aufgaben im Haushalt. Es braucht deswegen viel Willenskraft und Übung, wirklich im Hier und Jetzt zu bleiben und dem Klienten zur Seite zu stehen.

In bestimmten Momenten hilft es, dem Klienten etwas aus dem eigenen Leben zu erzählen, beispielsweise um ihm aufzuzeigen, dass er nicht allein in seinem Schmerz ist oder dass man eine Lösung zu allen Problemen finden kann. Doch in den meisten Fällen sollte man das eigene Leben und die Erfahrungen, die man gesammelt hat, aus der Beratungsstunde herauslassen.

Im Hier und Jetzt bleiben bedeutet nämlich auch, dass man das Problem, das sich gerade ergeben hat oder mit dem der Klient zum Berater kam, bearbeitet, reflektiert und eventuell löst. Und da jedes Problem für sich individuell ist, sollte es auch als Einzelfall behandelt werden. Parallelen zu anderen Problemen zu ziehen, hilft oft nicht, da die Umstände nie ganz die gleichen sind. Wenn man sich als Berater also nicht sicher ist, ob man die eigenen Erfahrungen teilen sollte oder ob es gerade nicht passt, sollte man davon absehen. Wenn es doch einmal passiert ist, dass man mit den Gedanken nicht mehr bei seinem Klienten ist, kann man folgenden Tipps anwenden:

1. In Bildern denken:

Es kann vorkommen, dass die Schilderungen des Klienten eher langatmig sind oder das Gesagte schon einmal besprochen wurde. In diesem Fall kann es helfen, sich bewusst die Ereignisse in Bildern vorzustellen. Hier ist jedoch wichtig, dass nicht die Fantasie mit einem durchgeht und man sich Dinge, die nie passiert sind, zusammenreimt. Man sollte versuchen, sich das Gesagte genauso vorzustellen, wie es geschildert wurde.

2. Nachfragen stellen:

Um sich selbst und seine Aufmerksamkeit zu testen und wieder in das Gespräch hereinzukommen, sollte man sich bewusst beteiligen und Nachfragen stellen. Das müssen keine tiefgründigen Fragen sein. Man kann den Klienten auch einfach fragen, ob man es richtig verstanden hat, und das gerade Gesagte paraphrasieren.

3. Sich bewegen:

Um sich aus der eigenen Gedankenwelt zu holen, kann man inmitten einer Beratungsstunde zum Bewegen greifen. Man kann aufstehen und das Fenster öffnen oder sich anders hinsetzen. Weitere Möglichkeiten sind, den Stift in die andere Hand zu nehmen oder den Notizblock auf dem Schoß anders zu platzieren. Bewegung sorgt dafür, dass man sich fokussiert und wieder in den jetzigen Moment tritt.

Den Klienten leiten

Ein guter Berater weiß, dass man seine Klienten nicht zu einem Weg zwingen kann und dass es nichts bringt, ihnen etwas vorzuschreiben. Es scheint oft zu passieren, dass Beratende ihren Klienten Tipps geben und ihnen sagen, was sie zu tun und zu lassen haben. Doch ein ausgebildeter Berater weiß, dass es deutlich sinnvoller ist und die Therapie langfristig fördert, wenn man genau darauf verzichtet. Auf den ersten Blick scheint es leicht und auch notwendig, Tipps zu geben und den Klienten in die richtige Richtung zu schieben, doch das führt zu keiner langfristigen Veränderung. Denn dadurch beeinflusst man nur das Außen des Klienten und nicht sein Inneres. Die eigentliche Arbeit muss sich im Klienten selbst und in seinem Geist vollziehen. Deswegen ist es auch wichtig, dass ihm selbst die neuen Pfade einfallen, die er einschlagen möchte.

Für einen Berater ist es keineswegs verboten, einen etwaigen Weg für seinen Klienten vorzumerken. Man kann sich diese Dinge als Ideen notieren und sie eventuell zu einem späteren Zeitpunkt mit dem Klienten teilen. Doch sollte man dies erst tun, wenn der Klient sich schon in der Nähe der eigenen Idee befindet.

Klient: *„Vielleicht sollte ich mir ein Hobby suchen."*

Berater: *„Sie sprachen doch mal vom Briefmarkensammeln, was Ihnen als Kind so viel Spaß machte, oder?"*

Klient: *„Ja, das wäre eine gute Idee. Das könnte ich mal wieder machen!"*

Was bedeutet es also, den Klienten zu leiten? Es bedeutet, ihn metaphorisch an die Hand zu nehmen und den Weg mit ihm zu gehen. Es bedeutet, ihn auf Dinge, die man gemeinsam am Straßenrand sieht, aufmerksam zu machen, aber selbst nicht eine Richtung einzuschlagen. Der Klient hat das Ruder in der Hand und bestimmt, wie schnell oder langsam es vorangeht. Den Klienten zu leiten bedeutet auch, wertfrei zu bleiben und auf der Seite des Klienten zu stehen. Als Berater hat man die Aufgabe, die Faktoren zu bemerken und zu benennen, die für den Klienten unsichtbar sind. Das kommt meist daher, dass er sich selbst zu nahe an den Geschehnissen befindet. Der professionelle Berater kann dem Klienten also seine Gedankengänge und Mechanismen erklären und ihn damit nach vorn lenken. So findet der Klient schließlich seinen eigenen Weg und ist nicht auf die Tipps und Tricks anderer angewiesen.

Es gibt jedoch auch Momente in einer Beratung, in denen der Klient nicht vorankommt. In solchen Augenblicken kann es durchaus hilfreich sein, wenn der Berater einige seiner Notizen oder Vorschläge mit dem Klienten teilt. So können durch neue Impulse wieder Bewegungen entstehen, die dem Klienten dienlich sind. Das können auch Themenwechsel oder das Einbringen eines Themas sein. Hier sollte jedoch darauf geachtet werden, dass kein Thema ausgewählt und benannt wird, das für den Klienten sehr belastend und noch unbearbeitet ist. Man sollte als Berater eher eines der Themen wählen, die schon im Endstadium ihrer Bearbeitung sind. Letztendlich kann man sich auch direkt an den Klienten richten und ihn fragen, ob er noch etwas anderes besprechen möchte.

Leitung bedeutet folglich nicht, den Klienten auf einen vorgeschriebenen Weg zu schieben und ihn immer wieder nach vorn zu scheuchen. Leitung des Klienten heißt, den Weg zusammen mit ihm zu entdecken und ihn auf seiner Reise zu unterstützen.

Fachwissen haben und es anwenden

Ein guter Berater verfügt über eine Vielfalt an Werkzeugen. Das können **Techniken, soziale Skills** und auch **Tricks** sein, mit denen man den Klienten auf den richtigen Weg bringen kann. Doch eines der wichtigsten Werkzeuge ist das **psychologische** und **soziale Fachwissen**. Ein Berater sollte praktische Erfahrungen sammeln, aber diese sollten zunächst auf theoretischem Fachwissen basieren. Es ist wichtig, zu wissen, wie ein Mensch grundsätzlich funktioniert und welche Mechanismen in bestimmten Situationen in ihm ausgelöst werden. Dadurch können die eigenen Handlungen und Worte besser geplant werden, denn durch das Fachwissen ist klar einzuschätzen, welche Reaktionen es auf Seiten des Klienten geben wird.

Psychologisches Fachwissen ist zudem immer im Wandel. Es sollte deswegen aktuelle Fachliteratur gelesen und immer informiert über die neusten Untersuchungen und Studien geblieben werden. Sein Fachwissen sollte der ausgebildete Berater aus Fachbüchern und von seriösen Seiten im Internet beziehen. Hier kann in Suchmaschinen gezielt nach Stichwörtern gesucht werden.

Fachwissen kann dazu führen, dass die Beratung besser untermauert werden kann. Aus dem theoretischen Wissen kann ein Gefühl für die Situation und die Bedürfnisse des Klienten entstehen. Mithilfe des fachlichen Wissens kann der Klient analysiert und im Gespräch näher untersucht werden. Das führt zu exakteren Reflexionen und dazu, dass der Klient genau gespiegelt werden kann. Es sollte ein Basiswissen der folgenden Richtungen vorhanden sein:

1. Neuropsychologie
2. Sozialpsychologie
3. Entwicklungspsychologie
4. Persönlichkeitspsychologie
5. Pädagogische Psychologie und
6. Klinische Psychologie

Praktisch denken und gestalten

Während einer systemischen Beratung wird Vieles theoretisch und retrospektiv besprochen. Man vermutet, analysiert, behauptet und fantasiert über das, was war, und das, was sein könnte. Doch ein weiterer wichtiger Teil der Therapie ist es, praktisch zu denken und die Beratung auch praktisch zu gestalten. Denn letztendlich sollte es das Ziel sein, das Gelernte in der Realität anzuwenden. In der Beratung werden meist die aktuellen

Geschehnisse des Alltags besprochen und eventuell wird auch das geplant, was in der kommenden Woche ansteht und passieren sollte. Hier gilt es, die praktische Seite der Beratung zu betonen. Es können Hausaufgaben gegeben werden oder man kann als Berater den Klienten bitten, sich selbst zu sagen, was geschehen sollte und wie man damit umgehen möchte. Das hat den Vorteil, dass der Prozess nicht nur in den vier Wänden des Beraters stattfindet, sondern wie selbstverständlich auch in den Alltag übertragen werden kann.

Auch die Beratungsstunden an sich können praktisch gestaltet werden, indem man sich an realen Ereignissen entlanghangelt und immer wieder Übungen in die Stunden einfließen lässt. Das festigt das Gelernte beim Klienten und macht es ihm einfacher, die Methoden auch in seinem Alltag anzuwenden. Beispielsweise kann eine neue Art der Kommunikation zunächst mit dem Berater geübt werden, um in einer Situation im Alltag nicht überfordert zu sein.

Auch sollte während einer theoretischen Diskussion nie vergessen werden, worum es im Kern geht. Während es dem Klienten gegönnt ist, sich ab und zu im Detail zu verlieren, sollte der Berater immer das große Bild im Blick haben und den Klienten auf die praktische Ebene zurückholen. Während nämlich theoretische Probleme oft unlösbar scheinen, können sie, wenn sie praktisch gemacht worden sind, einfach bearbeitet oder umgedacht werden.

BESONDERHEITEN BEI GRUPPENTHERAPIEN

Wenn man als Berater einen einzelnen Klienten vor sich sitzen hat, kann man all seine Aufmerksamkeit auf die eine Person konzentrieren. Doch wenn sich bei einer systemischen Beratung mehrere Menschen im Behandlungszimmer befinden, sollte man den Fokus auf alle Beteiligten nicht verlieren. Dazu gehört es, alle zu berücksichtigen, auf ihre Bedürfnisse zu achten und die Stunde in eine Richtung zu leiten, die für alle oder zumindest für das System an sich hilfreich ist. Bei der gleichzeitigen Behandlung mehrerer Personen sollte ein Berater deswegen auf gewisse Besonderheiten achten, die die Beratungsstunde erst zu einem richtigen Erfolg machen.

Alle Beteiligten einbeziehen

In den wenigsten Fällen kann sich ein Berater mit allen Personen des Systems, das untersucht werden soll, gleichzeitig unterhalten. Gerade um die detaillierten Strukturen des Systems zu analysieren, müssen Teile des Systems sorgsam unter der Lupe betrachtet werden. Das kann meist in einem Gespräch geschehen, in dem sich der Berater mit nur einer bis zwei Personen unterhält.

Es sollte hier jedoch deutlich gemacht werden, dass ein Gespräch in der systemischen Beratung nicht nur die Personen einbezieht, die gerade sprechen. Auch diejenigen Menschen, die nur daneben sitzen, haben eine aktive Aufgabe, und diese sollte ihnen zuvor vom Berater erläutert werden. Um alle Klienten gleichmäßig in die Beratung miteinbeziehen zu können, sollten vorab Gesprächsregeln aufgestellt werden. Beispiele hierfür sind:

1. Man lässt den anderen ausreden.
2. Man hört dem anderen zu.
3. Man ist auch am Gespräch aktiv beteiligt, wenn es gerade nicht um einen selbst geht oder um ein Problem, das einen beschäftigt. Man hört auch hier zu und beobachtet die Gesprächspartner, um später reflektieren zu können.
4. Wenn man etwas sagen möchte, kann man dies immer tun, außer wenn man dadurch einen anderen unterbricht.
5. Man ist ehrlich und verwendet keine Schimpfwörter.
6. Man kann den anderen kritisieren, solange es konstruktiv ist

Auch wenn nur zwei Personen sprechen, sollte deutlich sein, dass ihre Beziehung zueinander und auch die Probleme, die sie besprechen, zum gesamten System gehören und somit auch die anderen Mitglieder des Systems betreffen. Auch wenn auf der Oberfläche ein Problem nur zwei von fünf Menschen betrifft, betrifft es doch alle fünf, da durch das Problem zwischen den Zweien Signale und Impulse für das gesamte System und für die anderen Beziehungen untereinander gesetzt werden.

Es ist wichtig für alle Mitglieder, das Problem zwischen zwei Personen des Systems zu hören und es auch zu verstehen. Das System kann nur dann umstrukturiert werden, wenn alle Stellen offengelegt sind, an denen es kriselt. Gleich zu Beginn sollte allen Klienten klargemacht werden, dass das Problem zweier anderer auch für sie relevant ist und sie auch etwas über sich selbst und die Beziehungen zu anderen Personen des Systems lernen können, indem sie einen Einblick in die Bearbeitung des Problems bekommen und diese reflektieren.

Die Mitglieder des Systems dazu anzuregen, sich zu beteiligen, indem sie aktiv zuhören, ist jedoch nicht der einzige Weg, alle Klienten gleich miteinzubeziehen. So sollte darauf geachtet werden, dass nach Benennung eines Problems, das Person A und Person B betrifft, ein Problem besprochen wird, zu dem Person C und Person D etwas sagen können. Wie bei einer guten Party, einer interessanten Diskussion oder einem abwechslungsreichen Alltagsgespräch sollten auch in der systemischen Beratung nicht immer die gleichen Personen sprechen. Das hat einige Vorteile: Zunächst fühlen sich alle Mitglieder einbezogen, aber nicht überfordert oder besonders im Fokus. Und nicht zu unterschätzen ist, dass das System von allen Seiten gleichmäßig beleuchtet werden kann, wenn alle Personen zu Wort kommen und ihre Gedanken und Gefühle mit der Gruppe teilen.

Wichtig ist beim Weiterreichen des Fokus jedoch auch, dass Probleme nicht einfach angeschnitten und dann liegen gelassen werden, nur weil die Zeit es so aussagt. Es sollte darauf geachtet werden, dass Dinge bis zum Schluss besprochen und erläutert werden können, damit sich alle fair behandelt fühlen und nicht mit noch mehr Problemen aus der Beratungsstunde herausgehen. Es kann deswegen auch einmal dazu kommen, dass eine Beratungsstunde den Fokus nur auf zwei Personen legen kann und in der folgenden zwei weitere Personen im Zentrum stehen. Als Berater sollte man also abwägen, welche Probleme inhaltlich behandelt werden sollten und welche rein von der Fairness her jetzt an der Reihe wären und das System weiter beleuchten würden.

Wie schafft man es also, alle Mitglieder des Systems mit in die Beratung einzubeziehen? Zunächst sollte man Gesprächsregeln festlegen, die es jedem Mitglied ermöglichen, sich zu äußern und wichtige Gedanken und Gefühle loszuwerden. Das macht es besonders den Personen einfacher, die sich sonst nicht trauen, etwas zu sagen, oder nicht gern im Mittelpunkt stehen. Sie können sich darüber beteiligen, dass sie die Probleme der anderen reflektieren. Auch kann ein Berater sie direkt ansprechen und nach ihrer Meinung zu diesem Thema befragen.

Generell sollte vom Berater darauf geachtet werden, dass alle Personen gleichmäßig viel drankommen und zu gleichen Anteilen über ihre Sorgen, Probleme und Konflikte untereinander sprechen können. Ein guter Berater vermittelt seinen Klienten in einer Gruppenberatung schon gleich am Anfang, dass die Dinge, die andere mit in die Beratung nehmen, genauso wichtig für das System und dessen Veränderungen sind wie die eigenen Krisen, die man besprechen möchte. Doch liegt es zugleich auch am Berater, immer wieder aktiv das Gespräch mit stilleren Personen zu suchen, um das System voll und ganz zu verstehen. Gleichzeitig ist auch zu akzeptieren, dass es Menschen gibt, die weniger als andere reden. Es kann einschüchternd wirken, direkt in der ersten Stunde die schüchternste Person anzusprechen und darauf zu pochen, dass sie nun auch etwas sagt. Beispielsweise kann man sie ansprechen mit: *„Klara, hast du dazu einen Gedanken?“* Man formuliert es also offen und lässt den Klienten selbst entscheiden, wie ausführlich er auf die Frage antwortet.

Konflikte zwischen den Personen begleiten

Bei der Beratung einer Gruppe von Menschen entstehen durch die angesprochenen Themen oft wieder die Konflikte, die auch schon im Alltag relevant für die Einzelnen sind. Das kann durch die Setzung von Impulsen des Beraters noch verstärkt werden. Die Konflikte, die in der Therapie angesprochen werden, sind wichtig und gehören zum Prozess dazu. Sie sollten deswegen nicht unterbunden oder abgebrochen werden. Doch das bedeutet nicht, dass ein Berater einen vor seinen Augen ausgetragenen Konflikt ignorieren oder nur beobachten soll.

Das Arbeiten mit den **entstandenen Konflikten** ist ein wichtiger Teil der Therapie und sollte deswegen **nicht vernachlässigt** werden. Der Berater sollte nicht sofort einschreiten; er sollte den Konflikt kurz beobachten, um sich ein Bild von den Positionen der Beteiligten machen zu können. Hier prüft der Berater, inwiefern die beteiligten Personen selbst in der Lage sind, den Konflikt zu lösen und ähnliche Situationen auch in Zukunft zu entschärfen. Wenn die beteiligten Personen in eine Sackgasse geraten, sich mit Argumenten im Kreis drehen oder der Streit außer Kontrolle gerät, sollte der Berater sofort einschreiten. Hier ist jedoch wichtig, zwischen dem Leiten eines Konflikts und dem Unterbinden des Konflikts zu unterscheiden.

Es ist nicht gewünscht und trägt auch nicht zur Besserung der Situation bei, wenn der Berater den Konflikt unterbricht, ihn als geklärt oder sogar irrelevant erklärt. Das sorgt bei den Beteiligten nur dafür, dass sich unter der Haut der Konflikt verdichtet und die negativen Gefühle, die man für die andere beteiligte Person hegt, mehr werden. Konflikte müssen als Teile des Systems erkannt und auch als solche behandelt werden. Der Konflikt sollte analysiert und von allen Seiten reflektiert werden. Wenn der Berater zudem merkt, dass ein schwerer Konflikt nicht mit den Mitteln der Beteiligten gelöst werden kann, sollte er selbst passende Mittel bereitstellen. Er kann die beteiligten Personen anleiten und ihnen einfache Techniken zum Lösen von Problemen beibringen, die sie praktisch im jetzigen Konflikt verwenden können.

Ein geführter Konflikt kann auch auf die nicht direkt betroffenen Mitglieder des Systems Auswirkungen haben. Sie erleben den Konflikt nicht nur in der Beratungsstunde, sondern werden auch Formen des Konflikts zu Hause mitbekommen und sich eventuell durch diese eingeschränkt gefühlt haben. Ein klassisches Beispiel sind die Eltern, die sich hinter verschlossenen Türen streiten. Das hören die Kinder vielleicht nicht, doch die Eltern tragen die beim Streit gesammelten Erfahrungen und die Gefühle die übrig geblieben sind, wieder mit in das Familienleben. Die Kinder sind, auch wenn sie es nicht sein sollten, doch Teil des Konflikts geworden, da sie sich ebenfalls im System befinden.

Auch während der Beratungsstunden kann man bemerken, dass die anderen Mitglieder des Systems genauso beteiligt und betroffen sind wie die Streitenden selbst. Als Berater kann man das beispielsweise daran erkennen, dass sich während des Streits die Körpersprache der anderen ebenso verändert. Hier können Anzeichen für Stress oder Emotionalität festgestellt werden. Der Körper eines Betroffenen kann sich versteifen, wenn er gerade zwar nicht im Fokus steht, die Situation aber mitbekommt und sie ihm vielleicht sogar peinlich vor dem Berater ist.

Die Beteiligten senken den Kopf, schauen aus dem Fenster, um sich woanders hinzuwünschen, oder wenden sich körperlich von den Streitenden ab, indem sie von ihnen wegrücken oder vor ihnen die Beine oder Arme verschränken. Auch in der Mimik kann man gut erkennen, wenn eine Person Stress empfindet, ungeachtet der Tatsache, dass sie nicht agiert: Ihr Gesicht friert beispielsweise ein, wird blass oder errötet. Sie schneidet Grimassen oder schüttelt den Kopf, weil sie nicht mit dem Gesagten übereinstimmt oder sich für die Situation schämt. Diese Körpersprache ist besonders dann evident, wenn sich die Person vom Berater beobachtet fühlt. Sie kommuniziert mit ihm und versucht, sich unbewusst vom Konflikt abzugrenzen.

Während des andauernden Konflikts sollte vermieden werden, andere Mitglieder des Systems mit in die Problematik hineinzuziehen. Das kann nur zu mehr Stress und Streit führen, der nicht sein muss und nicht zur Umstrukturierung des Systems beiträgt. Stattdessen sollte mit den Mitgliedern, auch mit denen, die nicht direkt beteiligt waren, reflektiert werden. Alle Mitglieder können beschreiben, wie sie sich während des Konflikts gefühlt haben und was die Probleme im Alltag in ihnen auslösen. Denn es kann durchaus zur Lösung eines Konflikts antreiben, wenn die Beteiligten wissen, dass sie damit auch den Menschen in ihrer nächsten Umgebung schaden oder ihnen das Leben schwer machen. Die Motivation, die durch die Reflexionen gefasst wird, kann dann erweitert werden und dafür sorgen, dass Konflikte anders angegangen werden.

Es sollte während der Beratung immer wieder deutlich gemacht werden, dass Konflikte zum Leben dazugehören und nicht allgemein vermieden werden sollten. Konflikte sind gesund und können viele positive Effekte mit sich bringen. Durch sie können sich Dinge ändern und verbessern und es kann erreicht werden, dass man ehrlich und respektvoll miteinander umgeht. Konflikte können das System umstrukturieren.

Das bezieht sich nicht nur auf die Konflikte, die während der Beratungsstunden auf den Tisch gelegt werden, sondern auch auf solche, die nach den Beratungsstunden im Alltag entstehen. Konflikte, die sich nach der Behandlung ergeben, können als Chance zur Verbesserung angesehen, mit den richtigen Mitteln gelöst werden und zu einem besseren System führen. Den Beteiligten sollte deswegen während der Beratung klargemacht werden, dass Konflikte auch nach der Behandlung auftreten können. Doch anstatt sie herunterzuschlucken, zu vermeiden oder herunterzuspielen, sollten sie respektvoll und konstruktiv angegangen werden. Zusammengefasst kann gesagt werden, dass **Konflikte einer der wichtigsten Teile der systemischen Beratung** sind und während der Beratungsstunden bearbeitet werden sollten. Wenn ein Konflikt zwischen zwei oder mehreren Personen des Systems angesprochen wird oder während der Therapie entsteht, sollte er direkt bearbeitet werden.

Die anderen Mitglieder sollten nicht einschreiten, Partei ergreifen oder mit in den Konflikt hineingezogen werden. Sie sollten still beobachten und nach der Lösung des Konflikts gemeinsam mit allen reflektieren, was sie gesehen, gehört und selbst gefühlt haben. Das kann dabei helfen, in kommenden Konflikten besser zu agieren und sie schneller und freundlicher zu lösen. Der Berater sollte im Konflikt Mediator sein und ebenfalls neutral bleiben. Er soll wie auch im restlichen Behandlungsprozess die Beteiligten leiten und auf den richtigen Weg bringen.

Neu fokussieren

Schon im letzten Punkt, in dem es um das Lösen von Konflikten untereinander ging, kam das erneute Fokussieren indirekt zur Sprache. Beim neuen Fokussieren geht es darum, die **anderen Mitglieder** des Systems **nicht** zu **vergessen** und auch während eines Konflikts, den andere führen, die Aufmerksamkeit auf sie zu richten und sie zu beobachten.

Wenn man es mit mehreren Menschen gleichzeitig zu tun hat, wird man schnell bemerken, dass der Redeanteil stark variiert. So ist es nicht selten, dass eine Person viel mehr spricht als die stillste Person der Gruppe. Das kann dazu führen, dass man von einem Menschen innerhalb weniger Stunden alles weiß und über andere introvertierte oder ruhige Personen so gut wie gar nichts. Zunächst ist das gut. Denn so erlebt man die Personen natürlich und als Teil des Systems. Es sagt einiges darüber aus, wer wie viel und wann redet. Man bekommt beispielsweise sofort mit, ob einer der Menschen dazu neigt, die anderen im Reden zu unterbrechen und so den Fokus immer wieder auf sich zieht und die anderen entmutigt. Die Art und Weise, wie Menschen während der ersten Behandlungsstunde sprechen, zeigt, wie sich das System auch im Alltag darstellt. Jedoch muss man hier als Berater darauf achten, keine Trugschlüsse zu ziehen. Denn natürlich möchte sich jede Person vor einem neu kennengelernten Menschen besser darstellen, als sie eigentlich ist. So wird der cholerische Vater schnell zum Honigkuchenpferd oder die stark depressive Tochter zum angenervten Teenie. Man zeigt als Klient nicht alles, aber viel. Und das sollte auch vom Berater verstanden und notiert werden. Der Berater kann letztendlich die Familie oder die zu therapierende Gruppe nur im begrenzten Rahmen der Stunden und durch die Augen der Beteiligten sehen.

Neu zu fokussieren, gehört bereits zum ersten Schritt der Umstrukturierung des Systems und sollte deswegen nicht unterschätzt werden. Es gibt diverse Techniken, um seinen eigenen Fokus auf etwas anderes zu konzentrieren als bisher. Wenn ein Familienmitglied gerade spricht, kann man ein anderes Mitglied dabei beobachten. Hört das Mitglied zu? Schaut es weg und distanziert sich vom sprechenden Mitglied? Natürlich sollte man keinen Menschen während des Sprechens unterbrechen, jedoch darf bei einem Menschen, der viel redet, auch einmal in einer Redepause darauf hingewiesen werden, dass der Fokus nun auf einer anderen Person liegen sollte. Zudem sollte auch unterschieden werden, ob das gerade Gesagte wichtig und neu ist oder schon tausendmal in dieser Art wiederholt wurde.

Menschen, die dazu neigen, viel zu reden, und gern im Mittelpunkt des Geschehens stehen, erzählen nicht selten immer und immer wieder das Gleiche. Sie drehen sich im Kreis. Das kann nicht nur die Beratungsstunde auf Eis legen, sondern auch zu Abwehr beim Berater selbst führen. Bei solch einer Person darf gern auch einmal Klartext gesprochen werden: *„Ja, das haben Sie schon einmal erzählt. Jetzt interessiert mich aber noch einmal etwas anderes…“* Der Berater sollte bei Personen, die viel reden und sich schlussendlich im Kreis drehen, nie vergessen, dass er die Beratungsstunde leitet und auch dazu befugt ist, sie in eine andere Richtung zu lenken oder wieder auf den Weg zu bringen.

Zum System gehört nicht nur der Mensch, der das meiste erzählt. Auch die anderen Mitglieder der systemischen Struktur haben Dinge mitzuteilen. Um sie zum Erzählen zu bewegen, reicht es meist schon, sie direkt anzusprechen und auf etwas hinzuweisen.

1. *Was denken Sie darüber?*
2. *Sind Sie da der gleichen Meinung?*
3. *Was geht Ihnen gerade durch den Kopf?*
4. *Hat Sie ein anderes Thema bewegt?*
5. *Wie geht es Ihnen heute?*
6. *Ich habe Ihre Reaktion auf das gerade Gesagte bemerkt. Können Sie einmal erklären, warum Sie weggeschaut haben?*

Hier kommen erneut die Gesprächsregeln zum Einsatz. In einem eingefahrenen System kann es möglich sein, dass der laute Part, der sonst immer spricht, nicht zulässt, dass es nun um jemand anderen geht. Das kann besonders dann stark emotional sein, wenn der laute Part nun nicht mehr das Subjekt, sondern das Objekt des Gesprächs ist, wenn also über ihn gesprochen wird und er Kontrolle abgeben muss.

Es kann durchaus passieren, dass ein stilles Mitglied des Systems einfach nur auftauen muss und in folgenden Sitzungen öfter spricht und mehr von sich preisgibt. Hier liegt es oft daran, dass man als schüchterner Mensch den Eindruck hat, dass man nicht wichtig ist, nicht gehört werden sollte oder dass man sich blamieren kann. Wenn man daraufhin gute Erfahrungen gemacht hat, meldet man sich öfter zu Wort.

Wenn ein Berater neu fokussiert und sich an ein Mitglied wendet, das sonst nicht viel gesagt hat, ist es umso wichtiger, das Ganze langsam anzugehen. Der Berater sollte nachfragen und auch akzeptieren, wenn sich die Person noch nicht dazu bereit fühlt, viel zu erzählen. Wichtig ist nur, dass sie etwas sagt und dafür auch gelobt wird. Gerade zu Beginn, wenn die Person versucht, zu Wort zu kommen, und eine lautere Person sie unterbricht, kann der Berater eingreifen und den Fokus wieder auf die vorher angesprochene Person richten. Dies sollte jedoch nicht zur Regel werden, da die stille Person so nicht lernen kann, für sich und ihre Bedürfnisse einzustehen.

Wie tragen nun aber der neue Fokus und die neu zu Wort gekommene Person zur Änderung des Systems bei? Zunächst kann man sagen, dass die

Setzung eines neuen Fokus ein Impuls des Beraters ist. Er ändert das System für einen kurzen Moment, indem er demjenigen die Macht und das Wort gibt, der sie sonst nicht hat. Die Worte des stillen Mitglieds können die Struktur des Systems auch verändern. Beispielsweise sagt die Mutter nach langer Zeit endlich, was sie am Umgang ihres Mannes mit den Kindern stört oder dass sie im Haushalt überlastet ist. Auch der schüchterne Sohn kann durch seine Worte den Eltern sagen, dass er sie sehr wohl streiten hört und dass er Angst hat.

Der neue Fokus stärkt das System, indem er neue Seiten und Mechanismen dessen aufdeckt. So versteht beispielsweise der Mann endlich, warum die Frau immer mit dem Kopf schüttelt, wenn er mit der Tochter schimpft.

Ein neuer Fokus rüttelt das System und zieht es an den Wurzeln aus der Erde, um endlich alle Verzweigungen verstehen und entlarven zu können. Ein System kann demnach nur dann geändert werden, wenn ein außenstehendes Mitglied wie der Berater Strukturen erkennt und sie benennt. Er kann durch das Lesen der Beteiligten reflektieren und die im Dunkeln liegenden Gründe für Aktionen und Reaktionen hervorheben. Erst wenn das gesamte System aufgedeckt ist, kann es langfristig und nicht nur kurzfristig in den Behandlungsstunden geändert werden. Wichtig ist ebenso, dass der Berater behutsam vorgehen sollte und darauf achten muss, dass auch er die vorher festgelegten Gesprächsregeln einhält.

Der Ablauf eines Coachingprozesses

Bevor man als Klient einen Coach aufsucht, um sich systemisch beraten zu lassen, stellt man sich zunächst die Frage, was einen erwarten wird. Besonders wenn man noch nie bei einem Coach oder einem Therapeuten war, kann es erst einmal abschreckend wirken, sich vor einen fremden Menschen zu setzen und ihm alles zu erzählen. Vielen Erstklienten hilft es deswegen, wenn sie schon vor dem Prozess die einzelnen Schritte kennenlernen. Aber auch angehenden Beratern kann es bei ihrer Weiterbildung helfen, die folgenden Schritte noch einmal näher zu studieren und zu reflektieren.

In diesem Kapitel werden alle üblichen Schritte eines Coachingprozesses beschrieben und ihre Notwendigkeit erklärt. Dabei wird zudem auf einzelne schwierige Situationen eingegangen, die sich während der Behandlung ergeben können. Jedoch sollte vorab gesagt werden, dass es durchaus sein kann, dass das Coaching nicht genauso verläuft, wie es in diesem Kapitel beschrieben wird. Schritte können sich wiederholen, verlängern oder anders darstellen als hier beschrieben. Jedes System ist individuell und kann unterschiedlich lang brauchen, um sich zu offenbaren und umzustrukturieren.

Bevor ein Coaching starten kann, muss man sich als Klient einen geeigneten Coach suchen. Diesen findet man am besten im Umkreis seines Wohnorts, um lange Autofahrten zu vermeiden. Professionelle Coaches haben einen gut gestalteten Internetauftritt und haben sich auf die Systematik spezialisiert. Sie haben Psychologie studiert und sich in der Systematik ausbilden lassen. Heutzutage gibt es viele Coaches, die keine psychologische Aus- oder Weiterbildung besitzen. Der Name ‚Coach' ist nicht geschützt und kann von jedem verwendet werden. Informieren Sie sich bei der Suche nach einem geeigneten Coach deswegen über die Ausbildung desjenigen und über Erfahrungsberichte. Ein guter Coach kann teuer werden, ist es aber durchaus auch wert. Nach dem Aussuchen des Beraters wird ein Termin vereinbart. Und dann geht es auch schon los mit der Behandlung.

SCHRITT 1: DAS ERSTE TREFFEN

Zu Beginn: Erste Worte und Gesprächsregeln

Bevor man sich das erste Mal zur Behandlung trifft, ist es durchaus denkbar, dass sich der Berater ein erstes Bild von seinen Klienten machen möchte. Eventuell wird ein Telefonat geführt oder eine E-Mail geschrieben. Hier beschreibt ein Mitglied des Systems kurz, warum es Hilfe beim Familienleben benötigt. Diese erste Beschreibung wird beim ersten Treffen von allen Mitgliedern vertieft. Das erste Treffen sollte deswegen auch terminlich so gelegt werden, dass alle Mitglieder des Systems mitkommen und teilhaben können. Ein System kann nur dann umstrukturiert werden, wenn alle Mitglieder sich auf die Umstrukturierung einlassen.

Beim ersten Treffen sollte sich zunächst der Berater **vorstellen** und erklären, welche **Qualifikationen** er mitbringt und worum es bei der systemischen Therapie geht. Er sollte gemeinsam mit den Klienten Gesprächsregeln festlegen, um das Arbeiten miteinander zu erleichtern und dafür zu sorgen, dass sich jeder gehört fühlt. Das sollte auch deutlich gemacht werden: Beim Aufstellen der Regeln geht es nicht darum, die Klienten einzuschränken oder ihnen ihre natürliche Sprechweise zu nehmen.

Sie sollen eher dafür sorgen, dass sich keiner vernachlässigt fühlt und dass alle Beteiligten den maximalen Nutzen aus der Beratung ziehen können. Die Gesprächsregeln können auf ein White Board geschrieben werden, einfach zu Papier gebracht werden oder im Anschluss an die Stunde vom Berater ausgedruckt und aufgehängt werden, sodass sie jeder sieht. Zudem sollten die Gesprächsregeln nicht einfach vom Berater vorgeschrieben, sondern gemeinsam mit den Klienten erarbeitet werden. Man kann als Berater fragen: *„Was fällt euch zu Gesprächsregeln ein? Welche sind euch wichtig?“*

Da jedoch das Aufstellen der Gesprächsregeln nicht den Großteil der Stunde einnehmen sollte, kann auch der Berater die Regeln vorschlagen, die noch nicht genannt wurden: *„Mir wäre es noch wichtig, dass sich auch diejenigen am Geschehen beteiligen, die gerade nicht im Fokus stehen, indem sie zuhören und beobachten."*

Im Angesicht der vielen Dinge, die in der ersten Stunde zu besprechen sind, sollte gleich gesagt werden, dass es zunächst etwas länger dauern kann. Beispielsweise kann statt der üblichen 50 Minuten eine Dauer von einer Stunde und 15 Minuten angesetzt werden, um nicht unter Zeitdruck zu geraten. Aber auch wenn in der ersten Stunde nicht alles erzählt und erklärt werden kann, sollte weder der Klient noch der Berater verzagen. Es ist in jeder Art der Therapie und Beratung normal, dass nicht gleich alles auf den Tisch gelegt werden kann.

Die Anamnese

Beim ersten Treffen sollte nach der Vorstellung des Beraters und der Festlegung der Gesprächsregeln die Anamnese erfolgen. Das Wort Anamnese wird auch in der Psychotherapie benutzt und meint das **erste Kennenlernen und das Erklären des Problems**. Hier sollen nun alle Mitglieder des Systems nach und nach kurz erklären, wer sie sind, was sie beruflich oder schulisch machen und in welchen Verhältnissen sie leben. Bei einer Familie würden z. B. die Eltern erklären, welchen Beruf sie ausüben, und die Kinder erzählen, in welche Klasse und auf welche Schule sie gehen.

Daraufhin gibt es zwei Möglichkeiten, die Probleme der Familie zu erklären. Sollte es ein sehr gesprächiges Mitglied geben, kann dieses den Anfang wagen und erzählen, was das Problem aus seiner eigenen Sicht ist. Wichtig ist hier die Betonung darauf, dass es **nicht die objektive Wahrheit** ist, sondern nur eine Meinung des Einzelnen. So sagt der Vater nicht, *„Die Kinder sind unordentlich und halten sich nie an die Regeln!"*, sondern eher, *„Meiner Meinung nach sind die Kinder unordentlich und halten sich nicht an die Regeln, die wir als Eltern aufgestellt haben."* Das vermeidet weiteren Stress in der Behandlung, indem sich die anderen Mitglieder nicht sofort angegriffen fühlen. Die Anamnese kann auf zweierlei Ebenen helfen und die Richtung angeben. Zunächst erfährt der Berater die gesamte Problematik und die Gegebenheiten, durch die es zu ihr kam. Er macht sich darüber ein Bild, wie die Struktur der Familie grob aussieht und unter welchen Umständen die Individuen miteinander leben. Doch auf einer zweiten Ebene lernt er auch die Individuen selbst kennen und erfährt, wie diese übereinander und über sich selbst sprechen. Auch die Klienten lernen den Berater kennen und merken, ob sie ihn sympathisch finden und ob sie gemeinsam mit ihm arbeiten können.

Im besten Fall erzählen Personen selbstständig von ihren Problemen und von den Strukturen in ihrem System. Doch es ist genauso gut möglich, dass sie nicht wissen, wo sie anfangen sollen, was sie erzählen sollen und was sie auslassen können. Deswegen bietet es sich für den Berater an, sich vor dem ersten Treffen eine Liste mit Fragen zu machen, die er stellen kann. Fragen, die in einer Anamnese gestellt werden können, sind beispielsweise:

1. *Wie wohnen Sie genau?*
2. *Wie viel Zeit verbringen Sie miteinander?*
3. *Wie oft streiten Sie sich und worüber?*
4. *Welche Berufe führen Sie aus?*
5. *Wie viel arbeiten Sie?*
6. *Wann haben Sie gemerkt, dass Ihnen eine Beratung weiterhelfen könnte? Was war der Auslöser?*
7. *Waren Sie schon einmal in Behandlung? Hatten Sie eine Familientherapie?*
8. *Gibt es gesundheitliche Probleme in der Familie?*
9. *Haben Sie auch Probleme auf der Arbeit, in der Schule oder mit Freunden?*

Die Fragen sollte sich der Berater vor dem ersten Treffen zurechtlegen und sie auf den aktuellen Fall beziehen. Nicht alle Fragen sind bei jedem Fall notwendig oder hilfreich.

Während der Anamnese sollte der Berater genügend über die Familie und ihr System herausfinden, um mit ihr zu arbeiten. Er muss aber noch nicht ganz ins Detail gehen und alle Zusammenhänge sofort verstehen. Bekommt der Berater während der Anamnese den Eindruck, dass etwas ausgelassen wird, kann er jedoch auch nachfragen und die Familie dazu auffordern, ehrlich zu sein. Dass etwas ausgelassen wird, kann gerade dann passieren, wenn eine Person die ganze Zeit spricht und die anderen Mitglieder des Systems nicht zu Wort kommen. In so einer Situation kann der Berater die anderen, bisher stumm gebliebenen Personen fragen, was sie dem schon Gesagten hinzufügen möchten. Auch wenn durch die verschiedenen Auffassungen und Narrative Konflikte entstehen, sollte der Berater nie ein Mitglied vernachlässigen und alle daran erinnern, dass jeder sprechen darf und alle wichtig sind.

Die Anamnese endet im besten Fall **am Ende der ersten oder zweiten Sitzung**. Erkennt der Berater nach den zwei Sitzungen, dass auch noch eine dritte Anamnese-Sitzung notwendig ist, sollte er sich die Zeit nehmen. In den meisten Fällen reichen jedoch zwei Sitzungen für die Anamnese aus. Hier soll noch nicht beraten oder therapiert, sondern sich nur kennengelernt und ein Überblick verschafft werden. Zuletzt sollte der Berater die Familiengeschichte und ihre Probleme noch einmal wiedergeben, um sich zu versichern, dass er alles korrekt verstanden hat. Wenn die Klienten Einwände haben, sollte sich der Berater diese notieren. Hier gilt die Devise der Systemik: Jeder weiß am besten über das eigene System und über die Vorgänge in ihm Bescheid.

Doch sollte erneut betont werden, dass die **Anamnese noch nicht als aktive Aufdeckung des Systems** gilt. Die Klienten müssen hier nicht schon wissen, wie ihr System funktioniert. Sie sollen sich in dieser Phase der Beratung darauf konzentrieren, zu erzählen, welche Probleme es in der

Familie gibt, wie diese miteinander lebt, inwieweit die Mitglieder voneinander abhängig sind und welche Teile des Zusammenlebens als störend empfunden werden. Die systemischen Strukturen können dann vom Berater analysiert und erst anschließend offengelegt werden, wenn alle an der Beratung Beteiligten von den Inhalten wissen.

SCHRITT 2: DAS WAHRE KENNENLERNEN

Nach den ersten Treffen, in denen sich um die Anamnese gekümmert wird, kommt es zum ersten Arbeiten miteinander und zum wahren Kennenlernen. Wenn sich Personen kennenlernen, zeigen sie zunächst ihre Schokoladenseite. Das bedeutet, dass sie dem anderen nur das zeigen, was sie zeigen wollen und was sie in einem guten Licht darstellen lässt. Sie präsentieren sich versöhnlich, herzlich, logisch und ehrlich. Sie lächeln viel, stimmen ihrem Gegenüber zu und wollen ihm so gut es geht gefallen. Diese Technik wird auch dann nicht abgestellt, wenn man sich in einer systemischen Beratung befindet und es eigentlich wichtig ist, gleich zu Beginn alle Masken fallen zu lassen. Zu Beginn einer Beratung bekommt der Berater deswegen auch nicht den wahren Menschen und seine ehrlichen Umgangsweisen serviert, sondern den Menschen, als der der Klient sich sieht, der er gern sein möchte und den er zeigen will.

In der Anamnese sollte deswegen jeder Berater damit rechnen, dass Fakten etwas verschönert werden, nicht alles erzählt wird und die redende Person immer auch ein anderes Motiv hat, als sich und ihrem System zu helfen: sich selbst und das Bild, das andere von ihr haben, zu schützen oder zu verbessern. Ein System muss daher nicht nur beschrieben werden, sondern sollte auch live vom Berater beurteilt werden. Das System bekommt der Berater schon beim ersten Treffen mit, denn es ist auch in den Beratungsstunden aktiv und sollte hier nicht ignoriert werden.

Zum wahren Kennenlernen gehört bereits die Anamnese dazu. Währenddessen erfährt der Berater neben den inhaltlichen Aspekten auch etwas über das System, an dem es zu arbeiten gilt. Hier einmal ein Beispiel, inwieweit es wichtig ist, nicht nur auf Gesagtes, sondern auch auf Dynamiken zu achten.

Berater: *„Wird bei Ihnen im Haus häufig Alkohol konsumiert?"*

Vater: *„Nicht so oft. Vielleicht mal am Wochenende. In der Woche eigentlich nie."* (schaut herüber zu seiner Frau)

Mutter: *„Nein, wir versuchen, nicht in der Woche zu trinken."*

Vater: *„Genau."*

Tochter: (lacht) *„Als ob."*

Mutter: *„Lass das!"*

Vater: (senkt Kopf)

An diesem kurzen Beispiel kann man schon mehrere Dynamiken erkennen und auch inhaltliche Fragen formulieren. Beispielsweise könnte der Berater jetzt auf die Antwort der Tochter und ihr Verhalten eingehen. Er könnte auch auf die Reaktion des Vaters hinweisen oder auf die Antwort der Mutter.

SCHRITT 3: DAS ANSPRECHEN VON KONFLIKTEN UND PROBLEMEN

Während des wahren Kennenlernens entstehen auch immer wieder Konflikte zwischen den Familienmitgliedern. Diese helfen beim Prozess und sollten stets vom Berater beobachtet und angesprochen werden. Konflikte entstehen während der Beratung selbst und sind nicht zu verwechseln mit bestehenden Problemen, die das System schon vor der Beratung aufwies. Die Konflikte, die sich in einer Beratungsstunde zeigen, verdeutlichen einmal mehr das systemische Problem.

Konflikte beobachten und benennen

Ein systemischer Berater muss Konflikte zunächst scharfsinnig beobachten und dann benennen. Dann erst können Reaktionen der Familienmitglieder betrachtet werden. Als Beispiel wird hier der Alkoholkonsum in der Familie aus dem letzten Schritt verwendet:

Berater: *„Wird bei Ihnen im Haus häufig Alkohol konsumiert?"*

Vater: *„Nicht so oft. Vielleicht mal am Wochenende. In der Woche eigentlich nie."* (schaut herüber zu seiner Frau)

Mutter: *„Nein, wir versuchen, nicht in der Woche zu trinken."*

Vater: *„Genau."*

Tochter: (lacht) *„Als ob."*

Mutter: *„Lass das!"*

Vater: (senkt Kopf)

Berater: *„Herr Schneider und Frau Schneider sind sich also einig und erzählen, sie würden nicht sehr viel Alkohol konsumieren. Melanie denkt das nicht. Melanie, was verbindest du genau mit dem Alkoholkonsum deiner Eltern? Warum zweifelst du ihre Aussage an?"*

Tochter: *„Sie trinken fast jeden Abend Wein oder Bier. Für mich ist das nicht wenig."*

Mutter: *„Übertreib mal nicht."*

Berater: *„Frau Schneider, Sie möchten Ihre Tochter also zügeln und denken, dass sie die Wahrheit nicht richtig darstellt?"*

Mutter: *„Natürlich nicht. Wir sind doch keine Alkoholiker!"*

Tochter: *„Das habe ich nie gesagt. Nur du tust immer so, als sei das völlig normal. Aber ist ja auch egal, mir hört hier eh keiner zu!"*

Auch wenn ein Konflikt im richtigen Ton angesprochen wird, heißt das nicht gleich, dass er schnell zu lösen ist. Der Konflikt ist ein Auswuchs des Systems und enthält viele Ebenen und Strukturen. Als Berater müssen all diese Ebenen erkannt werden. Im Falle des Beispiels sind schon folgende Ebenen zu erkennen:

1. Die Tochter macht sich Sorgen um ihre Eltern.
2. Die Mutter hindert die Tochter daran, ihre Meinung zu sagen.
3. Der Vater ist unsicher und orientiert sich an seiner Frau.
4. Die Tochter fühlt sich missverstanden.
5. Die Mutter fühlt sich von ihrer Tochter angegriffen.

Konflikte als Teil des Systems sehen

Nach dem Beobachten und dem Benennen eines Konflikts kommt es zur Analyse dessen. Der Konflikt wird nach einer Weile, in der sich die Beteiligten im Kreis drehen, vom Berater unterbrochen und es wird gemeinsam eine Grafik in Kreisform erstellt. Denn es ist wichtig, dass innerhalb des Systems kein Mensch und keine Situation als klare Auslöser aller Probleme genannt werden. Die Systemik geht davon aus, dass sich alle Dinge selbst bedingen und immer wiederholen.

Der **Berater** gibt den Mitgliedern die Werkzeuge an die Hand und **erklärt, wie die Analyse eines Konflikts funktioniert**. Nun sollen jedoch die Mitglieder des Systems aktiv werden. Der Berater als Außenstehender geht davon aus, dass die Beteiligten ihre Vorgänge und Mechanismen am besten kennen, und fordert alle Klienten dazu auf, sich einmal selbst eine Grafik aufzumalen, die den Konflikt darstellen soll. Diese Grafik kann beispielsweise an der äußeren Seite des Kreises jeweils ein Mitglied benennen. Hier wären es die Tochter, der Vater und die Mutter. Wenn ein Mitglied etwas tut, beispielsweise die Mutter die Tochter ermahnt, wird ihr die Aktivität mit einem Pfeil zur Tochter zugeschrieben. Die Reaktion der Tochter durch ihre Äußerung wird in einer Linie von sich zurück zur Mutter dargestellt. Diese Dinge folgen also aufeinander.

Es ist auch zu betonen, dass die Klienten den Konflikt so visualisieren können, wie es sich für sie richtig anfühlt. Der Berater kann ihnen mehrere Techniken vorstellen, die bei der Erstellung einer Grafik hilfreich sind. Diese müssen jedoch nicht alle genutzt werden. Die erstellten Grafiken können in der gleichen Stunde oder auch erst in der nächsten Sitzung besprochen werden. Der Berater sollte das davon abhängig machen, wie akut die Lösung des Konflikts ist und ob alle beteiligten Personen auch ohne eine Lösung aus der Stunde gehen können. Bei einigen Klienten ist es durchaus besser, wenn etwas Abstand genommen wird oder wenn sie genügend Zeit haben, die Grafik zu erstellen. Es kann beispielsweise eine Art Hausaufgabe sein, die Grafik des Konflikts zu erstellen.

Anschließend werden die einzelnen Grafiken mithilfe des Beraters zu einer einzigen vereint. Dieser Prozess bietet es noch einmal an, über den Konflikt zu sprechen und die unterschiedlichen Auffassungen miteinander zu teilen. So kann festgestellt werden, wer den Konflikt auf welche Weise sieht und weshalb. Bei diesem Schritt sollte der Berater darauf aufmerksam machen, dass Empathie wichtig ist. Die Beteiligten sollen sich also während des Besprechens auch in die anderen Familienmitglieder und ihre Versionen hineinversetzen. Hierbei geht es nicht um Schuldzuweisungen. Ganz im Gegenteil dient dieser Teil der Beratung dazu, ein gemeinsames Gefühl füreinander und für das System zu bekommen.

Das Verständnis im Konflikt und der Gedanke dahinter

Das Ansprechen von Konflikten innerhalb einer Beratungsstunde kann nach einer Zeit der Reflexion und des Aussprechens zu einer Besserung führen. Missverständnisse können aufgeklärt und kurzfristige Lösungen gefunden werden. So kann im Beispiel der dreiköpfigen Familie, in der die Eltern laut der Tochter zu oft Alkohol trinken, eine Abmachung getroffen werden. Die Eltern könnten ihrer Tochter versprechen, von nun an auf ihren Konsum zu achten und ihn zu reduzieren, wenn es zu viel wird. Diese Lösung kann zunächst dazu führen, dass alle drei Personen zufrieden aus der Beratungsstunde gehen.

Doch langfristig führt diese Herangehensweise so gut wie nie zu Ergebnissen. Denn im Alltag wird die Tochter nach einiger Zeit wieder den Alkoholkonsum ihrer Eltern ansprechen und diese ermahnen. Die Mutter wird der Tochter daraufhin eventuell vorhalten, dass sie doch bereits versprochen haben, mehr auf ihr Trinkverhalten zu achten und dass sie sich nicht so anstellen soll. Grob gesagt wurde also die Erwartung verändert. Doch die neue Erwartungshaltung führt nur zu noch mehr Enttäuschung. Wenn die Tochter daraufhin wieder ihren Frust kundtut, fühlt sich die Mutter wieder angegriffen. Auch wenn sich demnach die Oberfläche des Konflikts verändert hat, ist die Struktur unter dem Konflikt gleichgeblieben.

Die **kurzzeitige Lösung** darf in der Beratung angesprochen und auch ausprobiert werden. Hier fungiert der Berater mehr als Mediator als als Fachkundiger. Er kann seine Klienten darüber aufklären, dass eine schnelle Lösung nach einiger Zeit nicht mehr zu den gewünschten Ergebnissen führt. Doch wenn die Familie darauf besteht, es doch einmal so zu versuchen, darf diese Abmachung gern getroffen werden. In der nächsten Beratungsstunde muss dann aber gezielt vom Berater angesprochen werden, dass letztes Mal eine Abmachung getroffen wurde. Wie hat sich das Verhalten verändert? Hat es zu der gewünschten Verbesserung geführt? Wenn hier offenbart wird, dass ausprobiert wurde, die Situation mittels einer Abmachung zu lösen, es aber nicht funktioniert hat, kann erneut über den Konflikt gesprochen werden. Diesmal wird untersucht, warum sich das Veralten nicht gleich geändert hat und warum die Veränderung nicht lang anhielt.

Eventuell werden folgende Gründe von den Klienten festgestellt:

1. Zu hohe Erwartungen
2. Keine genaue Kommunikation
3. Das Gefühl, beobachtet und beurteilt zu werden
4. Den Kern des Problems nicht angesprochen zu haben

Auch hier ist es wieder wichtig, dass den Klienten der **nötige Raum gelassen** wird, selbst ihre eigenen Fehler zu machen und eigene Versuche zu starten. Es kann resümiert werden, dass es einen Versuch wert war und dass es nicht schlimm ist, etwas auszuprobieren, was daraufhin scheitert.

Ein **Konflikt kann oberflächlich nur für eine kurze Zeit gelöst werden**. Erst wenn man sich das System, auf das der Konflikt gründet, ansieht, kann er wirklich bekämpft und auch beseitigt werden. Nach dem ersten Versuch der Auslösung sollte sich also erneut der Konflikt angesehen werden und diesmal mit den Augen des Beobachters. Nun geht es nicht um Inhalte, sondern rein um Dynamiken und Mechanismen. Man fragt sich für diesen Teil der Beratung also nicht, wie man den Konflikt lösen kann oder gar, wer die Schuld trägt, sondern auf welche Mechanismen er sich gründet. Der Konflikt basiert nämlich auf dem System, das alles im Familienalltag lenkt.

Die Aufgabe des Beraters ist es hier, auf diesen Fakt aufmerksam zu machen. Die Klienten sollen noch einmal in sich gehen und sich nun in die Rollen der anderen einfinden. Die Tochter sieht sich nun in der Rolle ihrer Mutter, die Mutter in der Rolle ihrer Tochter und der Vater ebenfalls in der Rolle seiner Tochter. Um die Rolle wirklich studieren zu können und empfinden zu können, was die jeweilige Person fühlt, muss ehrlich mit den Emotionen umgegangen werden. Die Tochter muss ihren Eltern wie ein Schauspielcoach die Beweggründe ihrer selbst erklären, damit die Eltern die Rolle der Tochter komplett annehmen können. Auch andersherum müssen die Eltern ihre Beweggründe der Tochter schildern, damit diese sie, ohne sie zu beurteilen oder abzuwehren, in die Rolle der Eltern einflechten kann.

Erst wenn alle Beteiligten sich emotional in ihrer gegenteiligen Rolle befinden, können sie verstehen, agieren und reagieren, wie es die andere Person tut. Der Berater kann alle Mitglieder des Systems daraufhin in der Form ihrer angenommenen Rollen befragen. Hier steht nicht im Vordergrund, was man eigentlich sagen würde und wie man normalerweise als man selbst reagieren würde, sondern was die andere Person, in die man sich gerade hineinversetzt hat, sagen und tun würde. Der Berater erfragt beispielsweise folgende Dinge:

1. *Wie fühlst du dich gerade?*
2. *Was stört dich an der Situation?*
3. *Was erhoffst du dir in der Zukunft?*
4. *Wie, meinst du, kann man die Situation ändern?*

Selbstverständlich können immer wieder Nachfragen gestellt werden, die zu detaillierteren Antworten führen. Das Interviewen einer Person in der Rolle einer anderen wird unweigerlich Gefühle bei der interviewten Person hervorrufen. Sie wird sich beim Beantworten der Fragen in den gerade gespielten Menschen einfühlen und sich selbst die Frage stellen: Wie fühlt es sich eigentlich an, die andere Person zu sein, und wie erlebt sie die Situationen? Das steigert die Empathie und ermöglicht es jeder beteiligten Person, noch einmal zu rekapitulieren. Was ist beim Konflikt passiert und wodurch ist es passiert? Welche Gründe stecken hinter den Argumenten und Aktionen der anderen Person?

Auch von anderer Seite kann das Interviewen helfen. Denn zugleich sitzt hier die eigentliche Person daneben und kann zusehen, wie sie von der anderen Person wahrgenommen wird. Auch dies kann zum Denken anregen. Man wird direkt damit konfrontiert, wie man nach außen wirkt, ob man dies nun will oder nicht.

Nachdem jede Person einmal als andere Person interviewt wurde, wird darüber gesprochen, was das Ansehen des eigenen Standpunktes mit einem gemacht hat. Welche Mechanismen und Techniken konnte man an sich selbst erkennen, die störend sind und auch so von anderen wahrgenommen werden? Welche Dinge helfen nicht beim Lösen des Konflikts und hindern ihn sogar daran, sich selbst zu verflüchtigen?

Am Ende der Beratungsstunde muss kein Konflikt gelöst und auch keine längerfristige Lösung gefunden worden sein: Einzig und allein zählt hier die innere Arbeit, die erledigt wurde. Die Impulse, die der Berater gesetzt hat, wirken sich nicht sofort äußerlich auf die Beteiligten aus. Sie arbeiten innerlich. Getan ist die Arbeit an diesem Punkt, wenn der Berater alle Systemmitglieder dazu bringen konnte, einmal über sich selbst und die eigenen Mechanismen nachzudenken.

SCHRITT 4: DAS AUSPROBIEREN IM ALLTAG

Nachdem schwierige Konflikte immer wieder in den Beratungsstunden angesprochen und analysiert wurden, sollten das neue Verhalten, die neu erarbeiteten Mechanismen und das neu gewonnene Verständnis im Alltag ausprobiert werden. Zu diesem Zeitpunkt der Beratung hat der Berater sich einen **Überblick über das System verschafft**. Er hat Impulse gegeben, durch die aktuelle Probleme bearbeitet und in einem neuen Licht gesehen werden konnten. Auf diese Analyse folgt meist ein **Aha-Moment**, in dem die Mitglieder des Systems erkennen, was bisher für die Probleme gesorgt hat und wie sie die Konflikte zukünftig nicht mehr entstehen lassen können.

Wichtig anzumerken ist hier jedoch auch, dass das Ziel nicht sein sollte, sich nie wieder zu streiten. Konflikte gehören zu einem gesunden System dazu. Allerdings sollte aus jedem Konflikt gelernt werden. Wenn Mitglieder des Systems bemerken, dass Themen immer wieder aufkommen, Konflikte sich im Kreis drehen und, anstatt sich zu lösen, nur wieder aufs Neue entstehen, sollte das System überdacht werden.

Im Falle des zuvor erwähnten Beispiels kann sich Folgendes herausgestellt haben: Die Tochter spricht mit dem Alkoholverhalten ihrer Eltern einen wunden Punkt an. Das Trinken erfolgt besonders beim Vater durch den Stress, mit seiner fast erwachsenen Tochter immer noch zusammenzuleben. Er hat das Gefühl, dass er sie physisch und auch emotional verliert. Sie scheint nichts Gutes an ihm zu finden und ihn nur als lästig, alt und überflüssig zu sehen. Die Mutter lässt sich mit in diese Gedanken hineinziehen und wählt statt der Kommunikation mit der Tochter lieber auch die Flasche Wein, bei der sie kurz den Stress zu Hause vergessen kann.

Auch sie fühlt sich durch die Worte der Tochter immer wieder angegriffen und versucht, dies schnell mit Erziehungsmaßnahmen, die früher funktionierten, zu klären. Währenddessen fühlt sich auch die Tochter durch die Wohnsituation belastet und will eigentlich nicht mehr bei ihren Eltern wohnen. Sie fühlt sich erwachsen, wird aber von ihren Eltern nicht als solches wahrgenommen. Deswegen hat sie sich angewöhnt, radikal und ernst zu sein. So, denkt sie, kann sie den Respekt ihrer Eltern bekommen.

Den Alkoholkonsum findet sie schlimm und sie vermutet, dass er zur Sucht werden könnte. Wenn sie ihn anspricht, erhält sie keine Reaktion ihres Vaters, mit dem sie aber gern reden würde. Ihre Mutter versucht, sie zu maßregeln. Die Tochter stört, dass dies nicht auf Augenhöhe passiert, sondern dass ihre Mutter sie wieder wie ein Kleinkind behandelt und zum Unterlassen auffordert. Die Tochter möchte sich und ihre eigene Identität finden und fühlt sich unterdrückt.

Mit der Analyse des Problems können die Mitglieder des Systems **neue Verhaltensmöglichkeiten** vorschlagen. Sie haben durch die zuvor durchgeführten Übungen den Kern des Konflikts verstanden und können in der Beratungsstunde Lösungsansätze miteinander teilen. Zur Veranschaulichung kann gemeinsam mit dem Berater eine neue Grafik erstellt werden, die dem analysierten Problem besser entspricht als die zunächst erstellten Grafiken, die jeder einzeln gezeichnet hat. Die Grafik kann auf einer Tafel oder einem großen Blatt Papier Teil der Konversation sein und auch zum Ausprobieren anregen. Es kann direkt mit den Mechanismen des Systems gearbeitet werden und diese können wie Räder in einem Uhrenwerk neu zusammengesetzt werden. Wie könnte das System noch funktionieren? Und wie kann es so funktionieren, dass kein langfristiger Konflikt mehr entsteht?

Die Mitglieder des Systems kennen sich auch hier selbst am besten. Der Berater ist wieder einmal ein Mediator; er reicht ihnen nur die Werkzeuge und erklärt die Techniken. Die Arbeit müssen die Mitglieder selbst tun.

In dieser Phase können Vorschläge für neue Verhaltensweisen mit der Gruppe geteilt werden. Die Grafik kann so umstrukturiert werden, wie die Dynamiken nach der neuen Verhaltensweise womöglich funktionieren würden. Hier ist nicht gesagt, dass alles, was man aufschreibt und ergänzt, auch wirklich so passieren wird, denn die Vorgehensweise kann zunächst nur in der Theorie ausprobiert werden. Jedes Mitglied sollte am Prozess beteiligt sein und sich fragen, welche Verhaltensweisen für sich selbst günstig wären und zu einer Verbesserung führen könnten.

Dies kann eine Weile dauern. Es sollte sich am Ende auf ein System geeinigt und festgelegt werden, ab wann die neuen Mechanismen ausprobiert werden sollen. Alle Mitglieder des Systems sollten mit der Umstrukturierung einverstanden sein und versichern, dass sie ihr Bestes geben, um die Mechanismen zu verändern. Daraufhin folgt das Ausprobieren im Alltag. Die ausgemachten Verhaltensweisen werden hier so ausgeführt, wie es zuvor in der Beratungsstunde besprochen wurde. Den Klienten sollte mit an die Hand gegeben werden, dass die Veränderung nicht sofort eintritt und dass man Geduld haben muss. In der nächsten Beratungsstunde darf wieder über das neu eingeführte System gesprochen werden. Es kann reflektiert und eventuell auch umgestellt werden. Hier kann geprüft werden, ob alles wirklich so geschehen ist, wie es zuvor erdacht und vermutet wurde.

Während des Ausprobierens im Alltag kann es zu Schwierigkeiten kommen. Vielleicht halten sich einige Mitglieder nicht an die Umstrukturierung oder es fällt ihnen schwer, die Reaktionen zu zeigen, die zuvor angenommen wurden. Für die Testphase im Alltag sollten deswegen vorher Regeln aufgestellt werden, die es allen Klienten erleichtern, sich umzustellen und sich nicht vom Verhalten anderer aus der Bahn werfen zu lassen. Die Regeln kann der Berater vorschlagen. Die Klienten können selbst entscheiden, ob sie sie annehmen, jedoch sollte hier klargemacht werden, dass die Regeln für alle da sind und nur dafür sorgen sollen, dass sich das System schnell umstrukturieren kann und es allen besser geht. Beispiele für Regeln während dieser Phase können so aussehen:

1. Während der Testphase werden die Verhaltensweisen geändert. Jeder hält sich an die Vorschläge und die Vereinbarungen.

2. Mitglieder des Systems, die sich nicht oder nur selten an die vereinbarten Verhaltensveränderungen halten, werden darauf nicht direkt angesprochen. Stattdessen wird sich auf die eigene Veränderung im Verhalten konzentriert und dadurch längerfristig auch beim anderen eine Veränderung erzielt.

3. Beobachtungen während der Testphase können in einem Journal aufgeschrieben werden. Hier kann reflektiert werden, wie sich das Zusammenleben verändert und wodurch die Veränderungen entstehen.

4. Auch wenn die Testphase noch keine stabile Phase der Veränderung ist, soll sich normal verhalten werden. Keiner sollte zu viel Rücksicht auf die anderen nehmen und sich so frei fühlen und verhalten wie sonst auch.

5. Auch wenn ausbleibende Verhaltensveränderungen bei anderen nicht angesprochen werden, sollte trotzdem ehrlich kommuniziert werden, und zwar immer mit dem Ziel, das Zusammenleben mit den anderen zu verbessern. Beleidigungen und Kritik, die nicht konstruktiv ist, sollten vermieden werden.

SCHRITT 5: DIE UMSTRUKTURIERUNG DES SYSTEMS

Nachdem einer der Konflikte im Beisein des Beraters bearbeitet wurde, kann ein weiterer in Angriff genommen werden. Bevor dies der Fall ist, sollte jedoch reflektiert werden, inwiefern die einzelnen Konflikte miteinander zusammenhängen. Es ist durchaus möglich, dass sich durch das Lösen des ersten Konflikts ein anderer ergibt oder ein zweiter zutage tritt. Dies sollte immer direkt beachtet und mit dem Berater besprochen werden. Um ein System längerfristig umzustrukturieren, braucht es nicht nur das Lösen eines, sondern aller länger laufenden Konflikte. Diese können erst bearbeitet werden, wenn das System vollkommen offen liegt. Auch wenn also der Berater schon dabei ist, die Klienten durch ihre Konflikte zu navigieren, sollte er immer wieder Bezug auf das System nehmen und es gemeinsam mit den Klienten zu Papier bringen. Zwischendurch kann der Berater Konstellationen vorschlagen und sie zur Diskussion stellen.

Nur weil der Berater jedoch einen Mechanismus hinter einer Sache vermutet, muss das nicht der Fall sein. Hier gilt wieder, dass der Klient selbst am besten über das eigene System Bescheid weiß. Die Klienten können widersprechen und das System weiter erkunden und erklären. Um das System umzustrukturieren, ist es zudem auch wichtig, jeden Klienten anzuhören. Diese **Regeln** sollten **beim Umstrukturieren des Systems** beachtet und eingehalten werden:

1. Alle Probleme, die sich längerfristig abgezeichnet haben, sollten angesprochen, analysiert und gelöst werden.

2. Alle Klienten sollten zu Wort kommen und sich am Zeichnen des Modells des Systems beteiligen.

3. Der Berater ist als Mediator und Begleitung tätig. Die Klienten selbst bestimmen das Endprodukt des Systems und kennen sich auch am besten mit seinen Mechanismen aus.

Ein System kann in viele Richtungen verändert werden. Nicht jede Richtung ist hier aber die passende. Die Umstrukturierung sollte deswegen aus den gelösten Problemen hervorgehen. Die richtige Art und Weise der Durchführung liegt in den Händen der Klienten. Diese sollten am Anfang einer erfolgreichen Umstrukturierung deutlich machen, wie genau sie zukünftig leben wollen und was ihnen wichtig ist. Diese Wünsche können zu Beginn der Beratung festgehalten werden und auf sie kann immer wieder Bezug genommen werden, indem vom Berater nach einem veränderten Mechanismus gefragt wird: *„Denken Sie einmal an Ihre Ziele. Erreichen Sie diese mit der Veränderung?“*

Wenn die Ziele durch die veränderte Struktur erreicht werden können, ist die Umstrukturierung gut. Wenn die Erreichung der Ziele eines oder auch mehrerer Mitglieder des Systems jedoch durch die Veränderung in die Ferne rückt, sollte die Umstrukturierung überdacht und sich überlegt werden, wie der Teil des Systems besser verändert werden kann. **Eine erfolgreiche Umstrukturierung braucht in der Regel viel Zeit.** Nicht jede Familie hat gleich viele und gleich störende Probleme. Deswegen kann es sein, dass ein System schon nach fünf und das andere erst nach zehn oder sogar zwanzig Stunden umstrukturiert ist. Die erforderliche Zeit sollte sich immer genommen werden. Denn wenn das System nur halbwegs umstrukturiert ist, wird die neue Struktur nicht lange halten und die Mitglieder des Systems werden nach kurzer Zeit wieder in alte Muster verfallen.

Während dieser Schritt der Umstrukturierung läuft, sollten sich die Klienten in ihrem Alltag immer mehr **an das neue System gewöhnen**. Sie können hierfür weiterhin ein Journal führen und Verbesserungsvorschläge mit in die Beratungsstunden bringen. Die erste Umstrukturierung muss nicht die letzte sein. Die Mechanismen des Systems können auch anderweitig verändert werden, um die Bedürfnisse aller Klienten zu befriedigen und für mehr Ruhe zu sorgen.

Eine Umstrukturierung kann dann als **erfolgreich** angesehen werden, **wenn alle Klienten zufrieden mit dem neuen System sind, wenn alle**

Ziele erreicht wurden, die vor der Beratung festgelegt wurden, **und wenn es für alle beteiligten Personen machbar ist**, sich an die neuen Mechanismen zu halten und sie zu etablieren. Ein erfolgreiches System muss in der Gegenwart nicht verändert werden und wird erst dann wieder ein Fall für die systemische Beratung, wenn sich neue Mechanismen ergeben, die zu Problemen und länger anhaltenden Konflikten führen. In der vorerst letzten Beratungsstunde sollte noch einmal reflektiert werden, welche Mechanismen man nun geändert hat und inwieweit sie im Alltag schon zu Verbesserungen geführt haben. Die Ziele sollten gemeinsam mit dem Berater abgehakt werden können.

Die Umstrukturierung eines Systems kann in der ersten Testphase zu Verwirrung und Unsicherheiten führen. Die gewohnten Wege werden nun zurückgelassen und es werden neue gezeichnet und gegangen. Dessen sollte sich auch der Berater bewusst sein und er sollte sich nicht nur auf das Technische der Systemik beziehen, sondern auch den beratenden Teil nicht vernachlässigen. So kann es geschehen, dass sich neue Rollen innerhalb der Familie ergeben oder dass Rollen neu definiert werden. Die Rolle der Mutter im Beispiel kann nun nicht mehr daraus bestehen, die Tochter zu ermahnen, sondern daraus, sie zu begleiten und gleichzeitig als erwachsenen Menschen anzusehen. Aber auch auf ihren Ehemann bezogen kann sich die Rolle der Frau ändern.

Vor der systemischen Beratung hat sie nachgegeben und sich zum Ehemann vor die Weinflasche gesetzt. Nun kann es ihre Aufgabe sein, den Fokus auf etwas anderes zu lenken und Alternativen zum Alkohol aufzuzeigen, um den Genuss dessen nicht aus der Bahn gleiten zu lassen. Sie befindet sich noch immer in der Rolle der Mutter und Ehefrau, jedoch sind nun die Beschreibung und das Rollenverständnis anders. Sie muss ihre Wahrnehmung überdenken, ihre Erwartungen an sich selbst verändern und den Fokus nun auf andere Dinge legen.

Das Umstrukturieren des Systems findet demnach nicht nur auf der Ebene des Systems an sich statt, sondern auch auf der Ebene der Akteure.

Diese müssen oft nicht nur damit kämpfen, dass sie sich nun in einem umstrukturierten System befinden, sondern auch damit, dass sie sich als Individuen verändern oder verändern sollen. Als systemischer Berater sollte deswegen nie vergessen werden, dass man es neben einem komplexen System auch mit Individuen zu tun hat, die sich neben dem System der Familie noch in anderen Strukturen befinden.

Beispiele dieser Strukturen können die Schule, der Freundeskreis, die Arbeit oder ein Freizeitclub, aber auch die weitere Verwandtschaft sein. Hierdurch entstehen wieder andere Bedürfnisse und zusätzlich sozialer Druck. Nur weil der Vater im Beispiel seinen Alkoholkonsum einschränkt und seinen Frust nun gesund zum Vorschein bringt, heißt das nicht, dass er auch außerhalb seiner Familie dafür belohnt wird. Eventuell machen seine Freunde ihm Druck, mehr oder öfter zu trinken, oder gehen mit dem Beispiel voran, dass auch sie alle Probleme am liebsten mit Alkohol lösen. Das kann das System der Familie wiederum verändern und für verschobene Dynamiken sorgen.

SCHRITT 6: AUFFRISCHEN MIT BLICK AUF DIE ZUKUNFT

Die Ziele, die am Anfang der Beratung festgelegt wurden, sollten nun durch das neue und umstrukturierte System erreicht worden sein. War es beispielsweise ein Ziel der Tochter, von ihren Eltern verstanden und ernst genommen zu werden, so sollte sie dies im neuen System erreichen. Aber auch das Ziel des Vaters, seine Tochter nicht zu verlieren und weiterhin für sie und ihr Leben relevant zu sein, sollte durch eine Umstrukturierung möglich gemacht werden. Das System besteht hier nicht nur aus Handlungen, sondern auch aus Werten. Natürlich kann es helfen, wenn die Tochter einen Abend in der Woche mit ihrem Vater ein nettes Gespräch führt. Doch es ist auch wichtig, gleichzeitig ehrlich zu sein und an den Mindsets aller Personen zu arbeiten. Dem Vater sollte also mithilfe des neuen Systems klar werden, dass er immer für seine Tochter wichtig bleibt, solange er sie unterstützt und nur das Beste für sie will.

In der letzten Stunde sollten die Ziele ein letztes Mal abgeklärt und abgehakt werden. Die Klienten können dann zur Festigung des neuen Systems auch erklären, warum sie ihre Ziele jetzt erreichen und warum sie es durch das alte System nicht schafften.

Nach der erfolgreichen Umstrukturierung eines Systems ist es wichtig für die Mitglieder, sich innerhalb ihrer neuen Strukturen wohlzufühlen und zu interagieren. Sie sollten im Alltag die neuen Strukturen beachten, sich selbst daran erinnern und dafür sorgen, dass sich das neu erarbeitete System wirklich durchsetzt. Auch Einflüsse von außen beispielsweise durch andere Systeme, wie das System der Arbeit, der Freunde oder angrenzender Familien, sollten in der Beratung bereits mit einbezogen worden sein. Erst wenn das neue System steht, kann eine Beratung für längere Zeit beendet werden. Das heißt jedoch nicht, dass die Arbeit ganz getan ist und dass der Berater nun keine Rolle mehr in dem System spielt. Ganz im Gegenteil soll nun die Rolle des Beraters in den Vordergrund treten, ohne dass dieser anwesend ist. Während der Beratung war der Berater ein Mediator. Er mischte sich weniger inhaltlich, sondern vielmehr strukturell in die Geschehnisse innerhalb des Systems ein. Er war demnach ebenfalls ein Teil des Systems, wenn auch nur für eine kurze Zeit. Da der Berater sich von außen so stark am Umstrukturieren des Systems beteiligte, war er für diesen Zeitraum auch ein Anhängsel des Systems.

Beim Bearbeiten der Alltagsprobleme, die zuvor durch das System entstanden sind, müssen die Klienten immer wieder an Worte oder Tipps des Beraters denken. Wenn sich in den Tagen ohne Beratungsstunde Schwierigkeiten ergeben haben, können die Konflikte und Erfahrungen mit dem Berater besprochen und gelöst werden. Der Berater kann hier auch bildlich als Stützrad an einem Fahrrad gesehen werden. Mit dem Beenden der Beratung müssen die Mitglieder des umstrukturierten Systems nun ohne Hilfe des Stützrades fahren. Sie können zunächst auch nicht wieder auf dieses zurückgreifen.

Doch dass der Berater nun nicht mehr jede Woche oder alle zwei Wochen in einer Beratungsstunde gesehen wird, bedeutet nicht, dass er aus dem Sinn ist. Auch in der ersten schwierigen Phase des umstrukturierten Systems sind die Gedanken immer wieder beim Berater. Dies ist normal und sogar hilfreich, denn nun sollen die Mitglieder des Systems selbst die Aufgaben des Beraters übernehmen. Das, was sie vom Berater gelernt haben, soll umgesetzt werden und die Tipps, die der Berater mit ihnen geteilt hat, können sie sich zunutze machen. Es ist also unproblematisch, dass der Berater schlussendlich kein sichtbares Anhängsel des Systems mehr ist, sondern lediglich im Geiste der Systemmitglieder verbleibt. Hier kann er immer noch mediativ aushelfen und sein Wissen und seine Gabe zum Beobachten mit den Mitgliedern des neuen Systems teilen.

Die Klienten sollen sich in den folgenden Wochen oder sogar Monaten selbst beraten und sich gegenseitig unterstützen – mit dem gemeinsamen Ziel, dass sich das neue System gegen das alte durchsetzt. Auch wenn wieder Probleme auftauchen, sollen sie sich zusammen hinsetzen und überlegen, wie man diese Mechanismen anders katalysieren kann. Sie halten also selbst eine Beratungsstunde ab. Wenn es ihnen hier schwerfällt, zu bestimmen, wer die Stunde leitet, sollte es das Mitglied tun, das am wenigsten mit dem aktuellen Problem zu tun hat. Nur wenn nach diesem Versuch noch keine Lösung gefunden wurde und die Mitglieder des Systems sich weiter vom neuen und verbesserten System entfernen, sollte der Berater erneut zurate gezogen werden.

Hier wird kein neuer Beratungsprozess begonnen. Es wird schnell und effektiv gehandelt und der Berater fungiert nur als ein Werkzeug, das die Klienten zum Lösen der eigenen Schwierigkeiten bedienen. Das Problem sollte dann in einer bis drei Beratungsstunden gelöst werden. Danach sind die Mitglieder des verbesserten Systems wieder auf sich gestellt und sollen so immer weiter in eine Unabhängigkeit vom Berater und den

Beratungsstunden eintreten. Der Berater und seine Tipps können weiterhin im Geiste dabei sein, aber Schwierigkeiten sollten ohne seine Anwesenheit gelöst werden. Das System kann nämlich nur dann Erfolg haben, wenn es gut funktioniert und sich selbst reparieren kann.

Zusammenfassend bedeutet das also, dass die Klienten vom Berater betreut werden und durch ihn die erforderlichen Mittel an die Hand bekommen. Letztendlich sollen sie lernen, diese selbst und selbstständig zu benutzen und den Berater nur noch als Begleitung in ihren Gedanken dabeizuhaben. Die Klienten können einen außenstehenden Berater natürlich nie ganz ersetzen, denn sie sind selbst Teile des Systems.

Falls das System nach einigen Wochen nicht mehr funktioniert, kann auch eine eigene Beratungsstunde abgehalten werden. Hier muss kein Berater anwesend sein. Alle Mitglieder des Systems sollten sich gemeinsam hinsetzen. Es hilft, sich zusätzlich einen leeren Stuhl hinzustellen, auf dem man sich einen Berater oder eine außenstehende Person vorstellt. Nun passiert das, was auch in den Beratungsstunden mit dem Berater geübt wurde: Jede Person schildert ehrlich, welche Dinge nicht gut laufen und zu Problemen führen. Dabei wird zum leeren Stuhl oder Sessel geschaut. Es wird folglich eine Beratungsstunde ohne Berater abgehalten, die aber durch das eigene Wissen ergänzt werden kann. Nach einer Beratung kennen die Klienten den Berater, seine Art der Fragen und können sich denken, welche Tipps er ihnen geben würde. Er kann also nicht nur in den Gedanken anwesend sein und helfen, sondern auch visualisiert und für alle sichtbar gemacht werden. Der ‚Berater', der nun auf dem leeren Stuhl sitzt, kann durch Aussagen repräsentiert werden wie: *„Der Berater würde jetzt fragen, woher das kommen könnte."*

Am Ende einer systemischen Beratung sollte zusammengefasst das funktionierende und sich selbst reparierende System stehen, in dem alle Klienten ihre Ziele erreichen können und friedvoll miteinander leben.

Fragetechniken in der Systemik

Als systemischer Berater arbeitet man direkt mit hilfesuchenden Menschen. Die Probleme einer fremden Person werden einem nicht sofort klar, wenn sie den Raum betritt. Oft scheuen sich Menschen, sich komplett zu öffnen, oder sie wissen gar nicht genau, was ihr Problem eigentlich ist oder wodurch es ausgelöst wird. In der Systemik wie auch in anderen Formen der Beratung und Psychotherapie wird die hilfesuchende Person, also der Klient oder Patient, vom Berater oder Psychotherapeuten interviewt und befragt.

Hierdurch entsteht ein Gespräch, das vom Berater geleitet und in die richtige Richtung gelenkt wird. Das heißt jedoch nicht, dass der Klient machtlos ist: Er bestimmt durch seine Antworten, wie weit und wie tief das Gespräch gehen darf. Der Klient macht dies meist daran fest, inwiefern er sich sicher, verstanden und akzeptiert fühlt. Fühlt sich ein Klient nicht verstanden und sicher, wird er sich seinem Berater nicht öffnen oder es nur schwer bzw. nach mehreren Sitzungen tun.

In diesem Kapitel erfahren Sie unabhängig davon, ob Sie sich systemisch beraten lassen wollen oder sich zum systemischen Berater ausbilden lassen möchten, wozu Fragen in der systemischen Beratung gebraucht werden, woran man gute Fragen erkennt und welche Art von Fragen in einer systemischen Beratungsstunde gestellt werden.

ZIELE VON FRAGEN IN DER SYSTEMIK

Es gibt **fünf Hauptziele**, die das Fragen in einer systemischen Beratungsstunde hat. Einige dieser Ziele sind bei allen Fragen vorhanden, andere Ziele sind nur bei manchen der Fragen präsent. Wichtig ist nur, sich als Berater vor Augen zu halten, welche Ziele die Fragen haben und ob man gerade die richtigen Fragen stellt, um das zu erreichen, was man sich vorgenommen hat.

Ziel 1: Den Klienten kennenlernen

In einer idealen Beratungssituation kennen sich der Berater und der Klient noch nicht. Ein seriöser Berater berät nicht seine Freunde oder seine Verwandten, sondern erhält seine Klienten durch Empfehlungen, Anzeigen und offene Sprechstunden. Das bringt viele Vorteile mit sich. Zunächst kann der Klient sein Leben von der Beratung trennen. Das bedeutet, dass er nicht befürchten muss, den Berater weiterhin in seinem Leben zu haben, wenn die Beratung beendet ist. Er kann sich dadurch dem Berater öffnen und auch Dinge erzählen, die er niemandem sonst erzählt.

Doch eine Sache wird auch durch das Fremdsein von Berater und Klient erschwert: Der Klient vertraut dem Berater zunächst noch nicht voll und ganz und tut sich in den meisten Fällen schwer, sich zu öffnen. Der Berater kann deswegen nicht mit den ersten Fragen mit der Tür ins Haus fallen und muss sich darüber im Klaren sein, dass er den Klienten zunächst kennenlernen muss. Das erste Ziel des Fragenstellens ist deswegen auch genau das: Der Berater lernt den Klienten durch die gestellten Fragen kennen. Er kann durch die ersten Fragen wichtige, aber nicht invasive Dinge erfahren. Er fragt den Klienten beispielsweise, woher er kommt, ob er gut zur Beratungsstelle gefunden hat, als was er arbeitet und was er sich von der Beratung erhofft.

Durch die Antworten des Klienten lernt der Berater ihn näher kennen. Geschulte und langjährig aktive Berater können nicht nur Inhalte, sondern auch Persönlichkeiten durch Antworten erkennen. Sie schätzen ein, wie sich der Klient darstellt und ob diese Darstellung weit von der Realität entfernt oder sehr ehrlich und direkt ist. Auf der anderen Seite nutzt auch der Klient die ersten unverbindlichen Fragen des Beraters dazu, ihn kennenzulernen. Er erkennt die Persönlichkeit des Beraters daran, wie ihm die einfachen Fragen gestellt werden. Möchte der Berater ihm vermitteln, dass er sehr locker und lustig ist, oder will er ernst und seriös wirken? Das kann dem Klienten auch sagen, ob er gut mit dem Berater zurechtkommen wird.

Ziel 2: Die Situation des Klienten erfassen

Nach dem allgemeinen Kennenlernen kommt ein zweites Ziel hinzu. Fragen dienen nämlich auch dazu, die Situation des Klienten genauestens beschrieben vor sich zu sehen. Der Klient selbst lebt in seinem System und muss dem Berater dieses erläutern. Dabei wird er auch dazu angeregt, in Worte zu fassen, was genau das Problem ist oder worunter er leidet. Der Berater kann den Klienten fragen, wie sein Alltag aussieht und wodurch sich ein schwerer Tag bemerkbar macht.

Der Berater versucht folglich, sich durch die gestellten Fragen ein akkurates Bild von der Situation des Klienten zu machen. Er fragt nach, bis er sich sicher ist, dass er die Situation verstanden hat und sie sich vorstellen kann. Dadurch kann der Berater selbst auch Szenarien im Kopf kreieren, die eventuell so im Alltag des Klienten stattfinden können. Sagt der Klient beispielsweise, er verbringe viele Tage damit, auf der Couch zu liegen, fernzusehen und würde nicht gern mit Freunden ausgehen oder etwas unternehmen, kann sich der Berater folgendes Bild machen: Der Klient liegt in gemütlichen Klamotten auf dem Sofa, isst eine Tüte Chips und sieht fern, als ein Freund bei ihm klingelt. Der Klient öffnet die Tür und wird vom Freund gefragt, ob er mit in eine Kneipe kommen möchte. Der Klient sagt ab und legt sich nach dem Schließen der Wohnungstür wieder auf die Couch.

Hier ist nicht nur die Empathie, sondern auch die Vorstellungskraft des Beraters gefragt. Er soll sich keine fantasievollen Szenarien ausdenken oder Romane über den Klienten und sein Leben schreiben. Aber er soll den Klienten durch die Schilderungen verstehen lernen und sich fragen, was im Leben des Klienten passieren könnte und was sehr wahrscheinlich nicht passieren wird. Das kann auch auf Emotionen bezogen werden. Denn eine Situation besteht nicht nur aus Handlungen, sondern wird auch durch innere Vorgänge bestimmt und eingefärbt. Deswegen sollte der Berater nie vergessen, zu erfragen, wie sich ein Tag für den Klienten anfühlt und welche Emotionen ihn antreiben. Dadurch kann er sich auch ein Bild davon machen, wie der Klient wohl auf Krisen reagieren würde und was passieren müsste, um ihn aus der Ruhe oder zur Ruhe zu bringen.

Ziel 3: Die Probleme und Alltagskonflikte des Klienten verstehen

Das dritte Ziel des Fragenstellens in einer systemischen Beratung ist es, die Probleme und Konflikte des Klienten besser zu verstehen. Gerade wenn ein Berater Tipps geben möchte oder weiter auf Probleme und Konflikte eingehen will, sollte er ganz genau verstehen, welche Sorgen und Hürden der Klient mit in die Stunde bringt und wie sich diese genau im Alltag bemerkbar machen. Hier reicht es für die Tochter aus dem gegebenen Beispiel nicht, zu sagen, dass ihre Eltern ein Alkoholproblem haben. Natürlich kann sich das für die Tochter so anfühlen und eventuell sieht sie auch die Art des Alkoholkonsums ihrer Eltern als ein Problem an. Doch der Berater sollte dann ganz genau erfahren, wie oft und wie viel Alkohol die Eltern trinken und woher die Tochter das weiß. Trinken die Eltern vor ihr? Kommen sie betrunken nach Hause?

Aber nicht nur Konflikte im System sollen durch Fragen geklärt werden. Fragen sollen auch dafür sorgen, die inneren Vorgänge des Klienten zu offenbaren. Wenn die Tochter erklärt, sie sei wütend auf ihre Eltern, könnte der Berater fragen, wie sie die Wut spürt und was die Wut mit ihr macht. Was würde sie am liebsten tun und wie würde sie sich lieber fühlen? Innere emotionale Konflikte gehören folglich genauso zum System und zur Baustelle des Beraters dazu wie die üblichen sozialen Probleme, die sich innerhalb eines Systems ergeben. Deswegen sollte jeder gute systemische Berater nicht nur auf Beziehungen zu anderen schauen, sondern seinen Klienten auch nach der Beziehung zu sich selbst fragen. Erst wenn der Berater sich ein Bild gemacht hat und weiß, wie sich eine Situation für eine Person anfühlt und wie der Konflikt überhaupt entstand, kann er Tipps geben und bei der Bearbeitung des Problems helfen. Wichtige Dinge, die ein systemischer Berater zur Situation abfragen sollte, lauten deswegen wie folgt:

1. Thema des Problems
2. Auftreten des Problems
3. Objektive Details über das Problem
4. Gefühle zum Problem
5. Gefühle zu anderen
6. Gefühle zu sich selbst
7. Gewünschter Ausgang oder Lösung des Problems
8. Handlungsmöglichkeiten
9. Emotionen, die besser oder angenehmer wären

Ziel 4: Das Gespräch in eine konstruktive Richtung lenken

Durch Fragen können mehr Informationen über wichtige Themen erlangt werden. Doch viele Fragen und auch die Art des Fragens können nicht nur zusätzliche Details über das System und das Innenleben der Klienten hervorbringen, sondern Gespräche auch in eine bestimmte Richtung lenken. Nach einer Aussage, die ein Klient getroffen hat, hat der Berater zahlreiche Möglichkeiten. Als Beispiel wird hier wieder die Tochter aus dem letzten Kapitel verwendet.

Klientin: *„Meine Eltern haben ein Alkoholproblem."*

Daraufhin kann der Berater verschiedene sinnvolle Fragen stellen, z. B.:

1. *Wie genau äußert sich das Alkoholproblem?*
2. *Haben Sie mit Ihren Eltern darüber schon geredet?*

3. *Wann macht sich das Alkoholproblem bemerkbar?*

4. *Seit wann vermuten Sie ein Alkoholproblem bei Ihren Eltern?*

5. *Was empfinden Sie, wenn Sie daran denken?*

6. *Was würden Sie sich zukünftig wünschen?*

Jede dieser Fragen, die vom Berater gestellt werden können, lenkt das Gespräch in eine andere, aber durchaus immer sinnvolle Richtung. Welche Nachfrage ein Berater jedoch stellt, ist ihm überlassen und hängt auch vom Kontext ab. Sagt die Klientin diesen Satz in der ersten Beratungsstunde, sollte der Berater sich erst einmal nach den objektiven Details erkundigen. Wenn aber schon lange geklärt ist, dass es sich hier wirklich um Alkoholismus handelt, könnte sich der Berater eher auf die Gefühle der Klientin oder ihre Wünsche für die Zukunft beziehen.

Mithilfe von Fragen kann das Gespräch in die Richtung gelenkt werden, die für den Klienten hilfreich sein könnte und bei der auch der Berater Tipps geben kann. Nicht jede Frage muss hier berechnend gestellt werden und mit dem Ziel, das Gespräch in eine bestimmte Richtung zu lenken. Manchmal passiert das von ganz allein, weil der Klient selbst wieder auf das Thema zurückkommt, das ihn beschäftigt. Doch wenn man als Berater merkt, dass man das Gespräch wieder leiten sollte, weil sich der Klient sonst in einer endlosen Schleife verfangen würde, sollten Fragen gestellt werden, die dem Klienten dabei helfen, den Fokus auf die konstruktiven Aspekte zu richten und diese auszuformulieren.

Ziel 5: Den Klienten zur Reflexion anregen

Das letzte Ziel ist eines der wichtigsten. Fragen, die ein Berater innerhalb einer Beratungsstunde stellt, haben auch immer zum Ziel, dass der Klient seine eigene Wahrnehmung, seine Handlungen und seine Emotionen reflektiert. Oft fällt es Klienten schwer, zu erkennen, dass sie selbst die Welt subjektiv betrachten. Die Welt, die der Klient sieht, ist nicht unbedingt jene, die andere um ihn herum sehen. So könnte die Tochter dort ein Alkoholproblem sehen, wo laut ihren Eltern keines ist. Das bedeutet nicht gleich, dass die Tochter oder ihre Eltern Unrecht mit ihrer Annahme haben. In erster Linie heißt es nur, dass beide Parteien die Welt dort ein Stück anders wahrnehmen und es sich lohnen würde, über diese Diskrepanz ins Gespräch zu kommen.

Indem der Berater Fragen stellt wie *„Wie fühlen Sie sich damit?"* oder *„Wie sieht ein normaler Tag bei Ihnen aus?"*, werden Impulse gesetzt. Die Klienten beantworten diese Fragen und müssen davor die Antwort erst einmal formulieren und sich selbst fragen, was beispielsweise ein normaler Tag in ihrem Leben ist und wie sie sich damit fühlen. Das Gespräch zwischen dem Berater und dem Klienten enthält so noch eine weitere Ebene, die man nicht sehen kann. Auf dieser Ebene reflektiert und ordnet der Klient seine Gedanken, Gefühle und überdenkt die Art und Weise, wie er die Welt um sich herum wahrnimmt. Aber auch der Berater reflektiert. Auch er muss seine Gedanken und Gefühle ordnen und überlegen, welche Frage oder Aussage als nächstes Teil des Gesprächs sein sollte und was dies erreichen würde.

Durch dieses Konzept kann der Berater den Klienten dazu bringen, aus einer Unterhaltung einen inneren Prozess zu machen, bei dem der Klient seine Sichtweise überdenkt und mit seinen Emotionen und Wahrnehmungen arbeitet.

ALLGEMEINE REGELN BEIM FRAGEN INNERHALB EINER SYSTEMISCHEN BERATUNG

Nachdem nun klar ist, welche Ziele systemische Berater mit ihren Fragen verfolgen, sollte festgehalten werden, dass es einige allgemeine Regeln beim Stellen einer Frage in der Beratung gibt. Diese Regeln helfen bei der Orientierung und sorgen dafür, dass so viele Informationen wie möglich gesammelt werden, dass die Klienten ehrlich und frei antworten und dass die Beratungsstunde am Ende zu einer Verbesserung im Alltag der Klienten führt.

Offen fragen

Die Fragen, die ein Berater an den Klienten richtet, sollten zuallererst offen gestellt werden. Das Gegenteil einer offen gestellten Frage ist die geschlossene Frage. Bei dieser kann auch eine kurze Antwort wie Ja oder Nein gegeben werden. So wird keine weitere Unterhaltung begünstigt und das Thema kann schnell abgehandelt werden.

Bei offenen Fragen kann die Antwort unterschiedlich lang sein. Sie gibt nicht vor, wie der Klient zu antworten hat und welchen Fokus er setzen soll. Er ist frei beim Antworten und kann eher wenige oder sehr viele Worte verwenden. Geschlossene Fragen führen nur bei ohnehin schon gesprächigen Menschen zu langen Antworten. Beispiele für geschlossene Fragen sind:

1. *Sind Sie sich da sicher?*
2. *Machen Sie Ihre Arbeit gern?*
3. *Streiten Sie sich oft?*
4. *Würden Sie lieber am Strand oder in den Bergen Urlaub machen?*

Geschlossene Fragen können auch zu langen Antworten führen und sollten nicht immer vermieden werden. Möchte ein Berater sich ein kurzes und grobes Bild verschaffen oder noch einmal nachfragen, um sicherzugehen, dass er alles richtig verstanden hat, kann er auch geschlossen fragen. Doch wenn er möchte, dass seine Klienten viel und frei sprechen, sollte er darauf achten, Fragen offen zu stellen. Dies führt häufiger zu langen und detaillierten Antworten. Beispiele für offen gestellte Fragen sind:

1. *Wie fühlen Sie sich heute?*
2. *Wie sieht ein normaler Tag bei Ihnen aus?*
3. *Welche Gefühle haben Sie bei solchen Aussagen?*
4. *Warum stört Sie das so sehr?*

Anstatt mit Ja oder Nein müssen offen gestellte Fragen mit mehreren Worten beantwortet werden und lassen viel Platz für Interpretationen. Der Klient weiß also auch nicht gleich, was der Berater mit der Frage bezwecken möchte, und antwortet freier und intuitiver. Er legt für sich selbst fest, was in diesem Moment relevant ist. Auch bei offenen Fragen können Antworten nur wenige Worte haben. Hier kann aber leicht nachgeholfen werden, indem der systemische Berater den Klienten bittet, seine Aussage näher zu erläutern oder genauer zu erklären, warum er so geantwortet hat.

Wertfrei fragen

Als Nächstes ist es wichtig, dass ein systemischer Berater wertfrei fragt. Das bedeutet, dass er nicht schon in den Fragen seine eigene Meinung durchscheinen lässt. Diese sollte allgemein außen vor gelassen werden und nur dann thematisiert werden, wenn es nützlich für die Beratung ist, und besonders beim Fragen sollte Wertfreiheit eine Voraussetzung sein.

Wenn ein Berater seine eigene Meinung bereits in der Frage anklingen lässt, kann das dazu führen, dass der Klient nicht ehrlich antwortet, da er vermeiden möchte, dem Berater nicht zu gefallen. Lässt ein Berater beispielsweise schon in der Frage verlauten, dass er Fremdgehen unmoralisch und falsch findet, wird der Klient sicher nicht eingestehen, dass er dies in der Vergangenheit getan hat. Hier folgen nun einige Beispiele, in denen die Meinung des Beraters schon in der Frage deutlich zu erkennen ist:

1. *Sie haben Ihr Kind aber nicht zu lange vor der Sporthalle warten lassen, oder?*
2. *Sind Sie etwa Ihrer Partnerin fremdgegangen, oder was?*
3. *Sind Sie Fan von dieser grausigen Band? Ich kann die nicht leiden.*
4. *Aber Sie sind doch nicht so jemand, der das Gesetz einfach bricht, oder?*

In solchen Fragen werden dem Klienten Antworten schon in den Mund gelegt und es scheint durch, dass es hier für den Berater eine richtige und eine falsche Antwort gibt. Das führt nicht zu Ehrlichkeit und Vertrauen in der Beziehung vom Klienten zum Berater. Der Klient soll sich in der Beratungsstunde wohlfühlen und frei von gesellschaftlichen Erwartungen sein. Erst wenn er sich öffnen kann, kann auch das System verstanden und reflektiert werden. Der Berater wird nicht nach seiner Meinung zu Dingen und Handlungen gefragt. Er agiert in der Beratung nur als Mediator und als Wegweiser, nicht etwa als moralischer Kompass oder als Richter. Er hat nicht zu bestimmen, wie seine Klienten ihr Leben leben, und sollte nur dann mit seiner Meinung einschreiten, wenn es nicht mehr anders geht oder es zur Beziehungsbildung dienlich ist. Die oben genannten Sätze können auch wertfrei formuliert werden:

1. *Wie lange brauchen Sie in der Regel, um Ihr Kind nach dem Sport abzuholen?*
2. *Hatten Sie schon einmal außerhalb Ihrer Partnerschaft sexuelle Kontakte?*
3. *Finden Sie Gefallen an der Musik dieser Band?*
4. *Haben Sie schon einmal das Gesetz gebrochen?*

Wenn ein Berater merkt, dass die Ehrlichkeit beim Klienten fehlt und dieser nur zögerlich oder gar nicht antwortet, sollte noch einmal darauf hingewiesen werden, dass jeder Berater unter der Schweigepflicht steht und keine Informationen an Dritte weitergeben darf. Zudem kann es passieren, dass ein Berater während einer Sitzung nach seiner Meinung gefragt wird. Hier muss abhängig vom Kontext entschieden werden, ob der Berater ehrlich seine Meinung wiedergibt oder die Frage umdreht und darauf hinweist, dass seine Meinung nicht wichtig ist. Wann die Meinung eines Beraters geäußert werden darf, kann leicht festgestellt werden. Es sollte hier klar für den Berater sein, dass seine Meinung die des Klienten nicht ändert, dass sie dem Selbstbewusstsein des Klienten nicht schadet und dass sich der Berater mit seiner Meinung nicht auf die Seite eines Systemmitglieds stellt. Erst dann ist die Meinung des Beraters unproblematisch und darf, wenn sie vom Klienten abgefragt wird, auch verkündet werden.

Als Tipp zum Abschluss sollte noch erwähnt werden, dass schon einzelne Worte einen Wert vermitteln können. Formulierungen wie ‚Fremdgehen', ‚ein Verbrechen begehen' oder ‚süchtig sein' können dazu führen, dass der Klient abblockt. Es kann hier sein, dass er sich nicht darüber im Klaren ist, dass er etwas getan hat, das als unmoralisch gesehen wird, oder dass er aufgrund der Formulierung nicht zu seiner Tat oder zu seinen Gedanken stehen möchte.

Auch der Begriff des Fremdgehens ist nicht so eindeutig definiert wie die Frage nach sexuellen Kontakten. Fremdgehen kann sich auch auf Flirten oder emotionales Fremdgehen beziehen. Es sollte vor der Benutzung unklarer Wörter vorher immer über ihre Definition gesprochen werden. Beispielsweise kann der Berater den Klienten fragen, ab wann Fremdgehen für ihn anfängt oder was in seinen Augen ein Verbrechen ist. So werden Missverständnisse umgangen und die Ehrlichkeit zwischen dem Berater und dem Klienten wird gefestigt.

Antworten nicht vorgeben

Diese dritte und letzte Regel beim Fragenstellen innerhalb einer systemischen Beratung findet sich schon in der zweiten Regel wieder. Auch hier geht es um die Problematik, dem Klienten Antworten vorzugeben. Dabei wird dem Klienten deutlich gemacht, dass eine Antwort die richtige ist und mit Zustimmung belohnt wird und die andere falsch ist und nicht akzeptiert wird. Ein guter Berater legt seinen Klienten Antworten auf Fragen, die er ihnen stellt, nicht in den Mund und lässt seine Klienten authentisch antworten. Es kann aber durchaus passieren, dass eine Frage wertfrei formuliert ist und trotzdem dazu führt, dass ein Klient keine Antwortmöglichkeiten sieht, außer der, die ihm vorgelegt wird. Das ist besonders dann der Fall, wenn Fragen geschlossen formuliert worden sind.

Hier folgen nun einige Beispiele für Fragen, die zwar wertfrei formuliert wurden, aber eventuell dazu führen könnten, dass sich der Klient genötigt fühlt, auf eine bestimmte Weise zu antworten:

1. *Sie trinken also viel Kaffee?*
2. *Möchten Sie Ihr Leben nicht ändern?*
3. *Sie bereuen, was Sie getan haben, richtig?*
4. *Sie wollen, dass Ihre Ehe weiterhin funktioniert, oder?*

Bei diesen Fragen kann herausgehört werden, dass eine Antwort als die richtige eingestuft wird und die andere nicht. Der Berater konfrontiert den Klienten mit verschiedenen Tatsachen, die für richtig und gegeben gehalten werden. Vielleicht will der Klient sich scheiden lassen und ist dann glücklicher und vielleicht bereut er nicht, was er getan hat. Auf diese Fragen antwortet der Klient leicht mit Ja oder Nein, kann sich aber durchaus dazu hingezogen und fast schon genötigt fühlen, dem Berater zuzustimmen und einfach mit Ja zu antworten.

Das ist besonders bei Klienten ein Problem, die Angst vor Konflikten haben oder von allen gemocht und respektiert werden wollen. Hier wird so geantwortet, dass der Berater den Klienten sympathisch findet. Dieses Problem besteht auch bei offenen und wertfreien Fragen, es kann aber durch die offene und leichte Formulierung verringert werden. So fühlt sich der Klient eventuell genötigt, auf die Frage nach der funktionierenden Ehe mit Ja zu antworten, traut sich aber, ehrlich zu sein, wenn die Frage anders gestellt wird. So könnte der Berater stattdessen fragen: *„Möchten Sie weiterhin versuchen, die Ehe zu führen?"*

Durch diese Formulierung steht es dem Klienten eher offen, ehrlich zu sein und sich nicht zu fürchten, eine falsche Antwort zu geben.

ZIRKULÄRE FRAGEN: INFORMATIONEN GEWINNEN UND INFORMATIONEN GEBEN

Schon in den letzten Unterkapiteln ging es um sogenannte zirkuläre Fragen. Diese Fragen lassen sich am besten damit beschreiben, dass sie Informationen geben und auch entlocken.

Zirkuläre Fragen werden dem Klienten während der systemischen Beratung in jeder Stunde gestellt und haben zum Ziel, dass der Klient gleichzeitig Informationen erhält, Techniken kennenlernt und Informationen über sich preisgibt, mit denen danach wieder gearbeitet werden kann. Zirkuläre Fragen sind deswegen offene Fragen, die zur Reflexion einladen und beim Klienten dafür sorgen, dass er sich Gedanken über seine Bedürfnisse, seine Wünsche und seine Zukunft macht.

Durch zirkuläre Fragen wird der Beratungsprozess von außen nach innen getragen. Das Gespräch und die Beratung finden durch jene Fragen nicht nur auf der zwischenmenschlichen Ebene zwischen Berater und Klient statt, sondern auch innerhalb des Menschen selbst. Der Klient arbeitet mit sich selbst und gibt die Ergebnisse seiner Überlegungen durch seine Antworten an den Berater weiter.

Zirkuläre Fragen kann man in Unterkategorien einordnen. Sie können besondere Ziele haben, die aber immer dazu führen, dass das Gespräch weitergeht und der Berater etwas über seinen Klienten erfährt. Auch der Klient bekommt durch die Fragestellungen Techniken an die Hand, die er zu späteren Zeitpunkten verwenden kann.

Informationsfragen
Die erste Art von zirkulären Fragen sind Informationsfragen. Sie werden auch häufig im Alltag gestellt und haben immer das Ziel, Informationen von der anderen Person zu erfahren. Die Fragen können geschlossen oder offen gestellt werden. Häufig folgt jedoch auf eine geschlossene Frage eine offen gestellte Frage, um Details zu erfahren. Denkbar wäre:

Geschlossene Frage: *Haben Sie Kinder?*

Offen gestellte Frage: *Wie gestaltet sich die Beziehung zu Ihren Kindern?*

Informationsfragen werden besonders am Anfang der Beratung gestellt und dienen hier dazu, den Klienten näher kennenzulernen. Der Berater möchte sich im ersten Schritt des Coachingprozesses einen Überblick verschaffen und die Situation, in der sich der Klient befindet, greifen können. Informationsfragen eignen sich auch deswegen gut für den Anfang, da sie sehr sachlich formuliert sind und unpersönlich beantwortet werden können. Hier wird also nicht erwartet, dass der Klient dem Berater schon vertraut und das Gefühl hat, sich ihm öffnen zu können.

Auch sind Informationsfragen gut zu Beginn des Beratungsprozesses zu stellen, da sie oft im Alltag vorkommen und gerade für Menschen, die sich noch nie beraten oder therapieren lassen haben, ungefährlich wirken. Sie fühlen sich am Anfang nicht stigmatisiert und weniger in der Rolle des Hilfesuchenden, da die Fragen auch anmuten lassen könnten, dass es sich beispielweise um ein Gespräch beim Amtsgericht oder bei der Bank handelt. Beispiele für Informationsfragen, die oft am Anfang der Beratung gestellt werden, lauten:

1. *Was machen Sie beruflich?*
2. *Wohnen Sie in einem Haus oder in einer Wohnung?*
3. *Wohnen Ihre Kinder bei Ihnen?*

4. *Haben Sie Haustiere?*

5. *Wohin fahren Sie am liebsten in den Urlaub?*

6. *Machen Sie viel im Garten?*

7. *In welcher Klasse bist du?*

8. *Was ist dein Lieblingsfach?*

9. *Gehst du gern zur Schule?*

10. *Wie heißt dein bester Freund?*

Zielfragen

Eine weitere Art der zirkulären Fragen sind die sogenannten Zielfragen. Sie beschäftigen sich mit den Zielen des Klienten. Auch sie werden zu Beginn des Prozesses vom Berater gestellt und gehen in eine sehr persönliche Richtung. Ein Berater kann dann die erste Zielfrage stellen, wenn alle Informationen geklärt sind und der Klient ein grundlegendes Vertrauen zum Berater aufgebaut hat. Das ist meist am Ende der ersten Beratungsstunde der Fall. Hier kann gefragt werden, welche Ziele der Klient mit der Beratung verfolgt und was er sich zukünftig wünschen würde. Das kann sich auf das System, auf einzelne Mitglieder oder auf die eigene Person beziehen. So sind die Antworten auf diese so generell gestellte Frage sehr divers und können schon viel über die Struktur des Systems verraten sowie den Fokus festlegen, den die Beratung haben soll. Zielfragen können beispielsweise wie folgt aussehen:

1. *Was wünschen Sie sich für die Zukunft?*

2. *Was möchten Sie mit der Beratung erreichen?*

3. *Wo wollen Sie am Ende des Beratungsprozesses stehen?*

4. *Wie soll das Klima in Ihrer Familie am Ende der Beratung sein?*

5. *Was möchten Sie am Ende der Beratung nicht mehr tun?*

Die Frage nach den Zielen ist sehr wichtig, da sie auch dem Berater eine Idee gibt, auf welche Aspekte er sich fokussieren sollte. Hier gilt wieder, dass der Klient den Inhalt der Beratungsstunden bestimmt und sein eigenes System am besten kennt. Wenn der Klient sich also auf die Beziehung zwischen sich und dem Ehepartner fokussieren möchte oder dort die meisten Probleme sieht, sollte der Berater diesen Wunsch ernst nehmen und sich auf ihn fokussieren.

Zielfragen werden auch zum Ende der Beratung noch einmal ganz wichtig, wenn der Berater seine Klienten bittet, zu reflektieren und festzustellen, ob die Ziele, die am Anfang gesetzt wurden, auch erreicht werden konnten. Wenn hier schließlich festgestellt werden kann, dass alle Ziele erreicht wurden, kann die nächste Zielfrage lauten, ob sich durch die Beratung weitere Ziele ergeben haben und wie diese nun erreicht werden könnten. Ein guter Berater sorgt dafür, dass alle Ziele am Ende der Beratung entweder erreicht oder umgeschrieben wurden. Sollten sich weitere Ziele für die Zukunft ergeben haben, ist es wichtig, abzuklopfen, wie die Klienten vorhaben, diese zu erreichen, und ob es eventuell noch einen Termin geben soll, der in ein paar Monaten abfragt, ob alle Ziele inzwischen erreicht werden konnten.

Zielfragen sollten immer im Fokus der Beratung stehen und diese begleiten. Sie können immer wieder in die Sitzungen eingeflochten werden und den Klienten begleiten, um das gesetzte Ziel nicht aus den Augen zu verlieren.

Fragen nach Problemen

Eine weitere Form der zirkulären Fragen sind die Fragen nach Problemen. Die Klienten kommen in die systemische Beratung, da sich Probleme in ihrem System befinden, die ohne fremde Hilfe und Mediation nicht gelöst werden können. Probleme erscheinen schon in den Anfangsgesprächen, in denen nur Informationen abgefragt werden. Auch in den Zielen können sich bereits Probleme verstecken. Doch das Fragen nach Problemen richtet sich direkt an den Klienten. Denn nicht der Berater soll die Probleme artikulieren, die hier stören und behandelt werden sollten, sondern der Klient selbst. Dieser kennt sich am besten in seinem System aus und sollte zudem in der Lage sein, direkt zu erkennen, welche Dinge ihm und seinem System zu schaffen machen. Wer ein System umstrukturieren will, der sollte auch seine Probleme angehen können. Beispiele für Fragen nach Problemen am Anfang eines Beratungsprozesses können so aussehen:

1. *Warum sind Sie heute hier?*
2. *Was stört Sie an Ihrem System?*
3. *Welche Probleme tauchen immer wieder auf?*
4. *Erläutern Sie doch einmal direkt, welche Probleme Sie haben und in Ihrem System erkennen können.*

Fragen nach Problemen werden auch dann gestellt, wenn die Beratung schon eine Weile läuft. Auch mitten in Konflikten kann der Berater seinen Klienten bitten, das Problem, das er gerade mit der Situation hat, auszuformulieren. Das hilft bei der Reflexion und auch dabei, dass andere Anwesende das Problem verstehen. Beispiele hierfür wären:

1. *Was stört Sie genau am Verhalten Ihrer Tochter?*
2. *Welches Problem sehen Sie beim Verhalten Ihrer Frau?*
3. *Formulieren Sie einmal das Problem, das Sie gerade mit der Situation haben.*

Probleme müssen erst erkannt und formuliert werden, bevor sie gelöst werden können. Auch der Berater als Außenstehender sollte durch diese direkten Formulierungen einen Einblick in die Köpfe der Systemmitglieder bekommen. Der erste Schritt zur Besserung ist zudem meist, das Problem einmal ausgesprochen zu haben. Das fühlt sich oft schon gut für den Klienten an und sorgt dafür, dass er Spannungen loswird, die er sonst nur in destruktive Energie umwandeln würde.

Fragen nach Ausnahmen

In der systemischen Beratung werden Probleme thematisiert, die immer wieder auftreten und durch das System entstanden sind. Diese Probleme spiegeln sich im Verhalten der anderen Mitglieder des Systems wider. So könnte eine Tochter das Verhalten ihres Vaters als das Kernproblem sehen, das aber eigentlich nur durch die Struktur des Systems entstanden ist. Wenn Klienten über die Probleme in ihrem System sprechen, tun sie das besonders am Anfang der Beratung nicht im Rahmen der Meta-Ebene. Sie erkennen also zunächst nicht, dass es das System ist, das das Problem darstellt und Veränderung benötigt. Sie beziehen sich bei ihren Erzählungen erst einmal auf die anderen Mitglieder des Systems und beschuldigen diese des Fehlverhaltens: *„Wenn ich das sage, tut er immer das!"* oder auch *„Wenn ich das tue, passiert nie das!"*

Um den Klienten aus seiner Wut und Frustration zu holen und um die Struktur des Systems noch sichtbarer zu machen, kann der Berater hier nach Ausnahmen fragen, beispielsweise wie folgt:

1. *Wann ist dein Vater denn locker?*
2. *Wie oft passiert es, dass ihr euch versteht und keinen Streit habt?*
3. *Gibt es auch Situationen, in denen das nicht passiert?*
4. *Können Sie sich wirklich mit keinem austauschen? Gibt es eine Person, der sie doch gern etwas erzählen?*
5. *Gibt es Ausnahmen? Wann tritt das Verhalten nicht auf?*

Durch die Erfragung von Ausnahmen kann sich der Klient selbst emotional regulieren und auch lernen, an die guten Seiten der Beziehung zu denken. Zudem kann ihm während der Reflexion klar werden, dass nicht die andere

Person, sondern ein Umstand das Problem ist, der durch das System begünstigt wird. *„Mein Vater ist immer schlecht drauf, wenn er gestresst von der Arbeit kommt. Am Wochenende schafft er es oft, sich zu beruhigen, und dann kochen wir gemeinsam. Das ist immer sehr lustig.“*

Fragen nach Ausnahmen sollten zwischendurch immer gestellt werden. Sie sind besonders dann angebracht, wenn sich der Berater einen klaren Blick über das Problem verschaffen will. Auch trainieren sie einen wichtigen Aspekt der systemischen Beratung: Wenn Klienten lernen, sich über Ausnahmen Gedanken zu machen, lernen sie gleichermaßen, flexibel und realistisch zu denken. So kann es sein, dass, wenn erneut das gleiche Problem im System entsteht, ein Ausweg durch die Ausnahme gefunden werden kann.

Beispielsweise könnte die Tochter ihrem Vater vorschlagen, ein paar Tage Urlaub zu nehmen, um den Stress zu reduzieren. So entsteht der Streit nicht erneut und der Stress des Vaters endet nicht in einem Konflikt mit seiner Tochter, sondern damit, dass er sich über seine eigene psychische Gesundheit Gedanken macht und versucht, etwas an seinem Alltag zu ändern. Das Problem wird letztendlich als das erkannt, was es ist: kein direktes zwischenmenschliches Problem, sondern ein Fehler im System.

Fragen nach Ressourcen

Um ein Problem mithilfe der Technik der systemischen Beratung zu lösen, muss auch über Ressourcen gesprochen werden. Denn ein System besteht nicht nur aus Umständen und den Persönlichkeiten der Mitglieder, sondern auch aus Möglichkeiten, die sich durch Fertigkeiten, Fähigkeiten und Besitztümer ergeben. Ressourcen können auch Freunde sein, die außerhalb des Systems der Familie stehen.

Wenn der Berater gemeinsam mit seinen Klienten ein Problem lösen möchte, sollte er nach einer Zeit der Beschreibung des Problems auch fragen, welche Hilfestellungen und Ressourcen es gibt. Diese Fragen können beispielsweise so gestellt werden:

1. *Haben Sie Ressourcen, um das Problem besser zu lösen?*
2. *Gibt es Menschen, mit denen Sie außerhalb Ihrer Familie darüber reden können, wenn es Ihnen innerhalb der Familie zu viel wird?*
3. *Haben Sie Fähigkeiten, die Sie in so einer Situation anwenden können?*
4. *Welche Möglichkeiten haben Sie, um das Problem zu lösen? Haben Sie Stärken, die Ihnen weiterhelfen können?*

Wenn es Klienten schwerfällt, im Angesicht ihres langjährigen Problems an Lösungen zu denken, kann auch einmal unabhängig über Stärken der eigenen Person gesprochen werden. Es können Grafiken erstellt oder es kann eine Liste angefertigt werden, in der die Dinge genannt werden, die die Person meint, gut zu können. Hier kann auf Hobbys, Bildung, soziale Skills und Veranlagungen eingegangen werden. Stärken können zum Beispiel sein:

1. Mit anderen reden können
2. In stressigen Situationen ruhig bleiben
3. Andere unterstützen
4. Wissen über die menschliche Psyche
5. Schnell laufen
6. Eigene Emotionen erkennen und benennen

Stärken müssen also nicht direkt mit dem Problem zu tun haben. Sie können auch helfen, nach einer kreativen Lösung zu suchen. Wenn ein Junge zu Hause manchmal wütend wird und nicht weiß, wohin mit seiner Kraft, kann er diese in Sport investieren. Er kann hier seine Fähigkeit, zu laufen, benutzen sowie die Fähigkeit, seine eigenen Emotionen zu erkennen und zu benennen. Stärken müssen zudem nichts Weltbewegendes sein. Sie verstecken sich schon in kleinen Alltagssituationen. Es kann als Stärke angesehen werden, gut kochen zu können, aber genauso ist es eine Stärke, anderen zuhören zu können oder sie bei ihren Problemen zu unterstützen.

In einem System sollte darauf geachtet werden, dass nicht nur eine Person beteiligt ist und all ihre Stärken verwenden kann. Da ein System aus mehreren Menschen besteht, können alle Stärken jeder Person in die Lösung des Problems miteinbezogen werden. Wenn die Mutter des Jungen gut zuhören kann, kann sie eventuell das Problem indirekt beeinflussen, indem sie nachfragt, wie es ihm geht und ob er vielleicht mal laufen gehen möchte, um sich auszutoben. Mitglieder eines Systems leben miteinander und können durch die Anwesenheit der anderen dazulernen und sich unterstützen. Es muss also nicht immer schlecht sein, wenn viele Menschen mit unterschiedlichen Wünschen und Bedürfnissen aufeinandertreffen. Als Berater gilt es, dies den Klienten bewusst zu machen. Aus Gruppen kann Chaos entstehen, aber genauso gut auch Stärke oder Resilienz.

Wunderfragen

Bei Wunderfragen geht es um Möglichkeiten und Theorien. So kann in Wunderfragen geklärt werden, welche Art von Wunder passieren müsste, damit es das Problem nicht mehr geben würde oder damit das System wieder richtig funktioniert. Wunderfragen können in etwa so lauten:

1. *Was wäre ein Wunder, das das Problem beseitigen würde?*
2. *Was würden Sie sich wünschen? Welches Wunder müsste passieren?*
3. *Denken Sie einmal ganz hoch hinaus: Welches Wunder würde Ihnen bei der Lösung des Problems helfen?*
4. *Woran könnte man erkennen, dass das Wunder passiert ist?*

Diese Fragen führen dazu, kreativ zu denken, und offenbaren die wahren Wünsche des Klienten. Hier wird ohne Zensur klar, was eigentlich das Problem ist und was eine bessere Zukunft für den Klienten beinhalten müsste. Auch arbeitet der Klient an seinen Problemen und löst sie zum Teil selbst, da er sich einmal darüber Gedanken macht, was genau passieren muss, um das Problem zu beseitigen. Wenn der Berater und auch der Klient das Ziel kennen und die Struktur des Systems entschlüsselt haben, kann zurück an den Anfang gedacht werden.

Im nächsten Schritt können sich Berater und Klient fragen, wie dieses Wunder doch passieren kann. Gibt es ein Äquivalent zu der Magie im Wunder? Wie könnte man einen solchen Zustand erreichen? Wunderfragen lösen den Klienten kurz von der Realität ab und regen seine Fantasie und seine inneren Wünsche an. Es ist hier entscheidend, dass er frei sprechen kann und ehrlich im Umgang mit dem Berater ist.

Skalierende Fragen

Bei dieser Art von Fragestellungen handelt es sich um Fragen, die die Größe, Stärke oder Dringlichkeit eines Gefühls oder einer Aktion einschätzen sollen. Beispielsweise können folgende Fragen gestellt werden:

1. Schätzen Sie auf einer Skala von 1 bis 10 ein, wie stark Sie sich von der Situation belastet fühlen.
2. Wie sehr trauern Sie um die Vergangenheit? Schätzen Sie das von 1 bis 10 ein.
3. Sagen Sie auf einer Skala von 1 bis 10, wie wütend Sie über das Verhalten sind.

Diese Art der Fragen lässt den Klienten reflektieren und den Berater wissen, wie wichtig die Lösung des Konflikts gerade ist. So kann beispielsweise eingeschätzt werden, welche Dinge in der Beratung als Erstes angegangen werden sollten. Es hilft den Klienten dabei, sich auf das eigentliche Gefühl zu konzentrieren und in sich hineinzuspüren: Wie wichtig ist die Lösung des Konflikts gerade und wie stark sind die Gefühle, die den Konflikt betreffen? Auch andere Mitglieder des Systems können durch die Skalierung einen Eindruck von der Gefühlswelt der betroffenen Person bekommen.

Eine Skala zur Einschätzung ist immer subjektiv. Was für den einen eine Fünf ist, ist für den anderen schon eine Acht. Das sollte stets im Hinterkopf behalten und den Klienten auch gesagt werden. Skalen helfen trotzdem dabei, Emotionen näher zu betrachten und zu differenzieren. So können Klienten auch erkennen, dass sie eine andere Wut verspüren, wenn der Hund auf den Teppich gemacht hat, als wenn der Ehemann fremdgegangen ist. Sie können dadurch lernen, ihre eigenen Emotionen in Relation zu setzen, und lernen sich besser kennen.

Wichtige Techniken

In diesem Kapitel werden Techniken der systemischen Beratung erläutert, die in so gut wie jeder Beratung angewendet werden. Sie helfen dabei sowohl dem Berater, das umzustrukturierende System besser zu verstehen und sich einen Überblick über die Probleme seiner Klienten zu verschaffen, als auch den Klienten selbst. Diese erfahren durch die praktischen Übungen und Gedankenexperimente, wie ihr System funktioniert und wie es verändert werden kann. Sie lernen sich selbst besser kennen und versetzen sich in die Lage der Mitglieder des Systems, um Konflikte zukünftig besser lösen zu können.

ZIELE AM ANFANG DER BERATUNG SETZEN

Wie schon in den vorherigen Kapiteln ausführlich erklärt wurde, passiert am Anfang einer Beratung schon recht viel. Hier lernen sich Berater und Klient kennen. Sie erfahren innerhalb der ersten Minuten, ob sie miteinander arbeiten können und wo die Probleme des Klienten liegen, um die sich der Berater am ehesten kümmern sollte.

Doch **zu Beginn werden auch gleich die Ziele festgelegt**, die der Klient mit in die Beratung bringt. Ihm werden einige Zielfragen vom Berater gestellt und so soll herausgefunden werden, wieso er die systemische Beratung in erster Linie in Anspruch genommen hat. Ziele sind ein wichtiger Aspekt der Beratung und können dem Berater offenlegen, worauf er achten muss. Auch dem Klienten verraten die Ziele, um was es eigentlich geht. Ein gestresster Klient kann beispielsweise das Ziel haben, mit seiner Familie einen ruhigen und erholsamen Abend nach einem langen und harten Arbeitstag zu verbringen. Dieses Ziel wird am Anfang der Beratung definiert und in den folgenden Stunden verfolgt. Am Ende der Beratung wird abgefragt, ob das Ziel erreicht wurde.

Schritt 1: Ziele abfragen

Als Erstes muss der Berater die Ziele seiner Klienten abfragen. Er kann hier einfache Zielfragen verwenden wie: *„Was wollen Sie am Ende der Beratung erreicht haben?“*

Wenn ein Klient zunächst nicht weiß, welche Ziele er hat, kann der Berater ihm Satzfetzen vorschlagen. Wichtig ist hier jedoch, dass der Berater seinem Klienten keine Ziele in den Mund legt und keine Inhalte vorschlägt. Die Ziele müssen vom Klienten selbst kommen. Satzfetzen, die vorgeschlagen werden können, sind:

> Ich möchte am Ende ... tun können.
>
> Ich möchte zum Schluss ... sagen können.
>
> Ich möchte mich ... fühlen in folgender Situation: ...

Schritt 2: Ziele festlegen

Die gefassten Ziele sollten festgehalten werden. Der Klient kann sich die Ziele auf ein Blatt Papier schreiben oder sie auf sein Smartphone tippen. Wichtig ist, dass er stets Zugriff auf seine Ziele hat und sich im Laufe des Beratungsprozesses immer wieder an sie erinnern kann. Auch der Berater sollte sich die Ziele seiner Klienten aufschreiben. Er sollte ebenfalls die Ziele immer griffbereit haben und sie zum weiteren Beraten verwenden. Sie können den Weg weisen und die Richtung der Beratung bestimmen.

Schritt 3: Zwischenstand abfragen

Nach ein paar Beratungsstunden sollte ein Zwischenstand abgefragt werden und der Berater sollte seine Klienten zum Reflektieren einladen. Wie weit sind sie schon gekommen und wie nahe sind sie ihrem Ziel? Eventuell können sich Ziele im Laufe der Beratung verändern. Dies muss vom Klienten erläutert werden, da hier nicht der einfachere Weg genommen werden sollte, um sich Arbeit zu ersparen. Legitime Gründe für eine Veränderung des Ziels sind beispielsweise:

1. Falsche Einschätzungen
2. Änderungen der Dynamiken der Mitglieder
3. Prioritäten haben sich verändert
4. Ein Mitglied verlässt das System oder ein neues Mitglied kommt hinzu.

Schritt 4: An Zielen arbeiten

Die Ziele, die am Anfang der Beratung gefasst worden sind, sollten verfolgt werden und im Mittelpunkt der Beratung stehen. Um an den Zielen arbeiten zu können, sollten alle Mitglieder des Systems an einem Strang ziehen. Dazu gehört auch, zu verstehen, dass jede Person ihre eigenen Ziele hat, und dass am Ende einer gelungenen systemischen Beratung alle diese Ziele erreicht worden sind. Es hilft hier, dass sich die Beteiligten nicht nur für ihre Ziele interessieren, sondern auch die **Ziele der anderen im Blick haben**. Hier können Ressourcen überprüft werden und es kann einander geholfen werden.

Schritt 5: Ziele am Ende abfragen

Die letzte Beratungsstunde sollte im Zeichen des erreichten Ziels stehen. Hier wird noch einmal vom Berater abgefragt, ob die Ziele erreicht worden sind und, wenn nicht, was noch getan werden muss, um sie vollends zu erreichen und glücklich zu sein. Auch kann gemeinsam besprochen werden, welche Ziele man erreicht hat, ohne sie sich vorher gesetzt zu haben. Hat der gestresste Vater, der nur einen ruhigen Abend mit seiner Familie wollte, ein neues Hobby entdeckt? Am Ende der Stunde sollten die Klienten **optimistisch** sein und wissen, dass sie vieles erreicht haben und die systemische Beratung etwas gebracht hat.

Schritt 6: Mit der Zukunft arbeiten

Als zusätzlicher Schritt kann der Blick auf die Zukunft gesehen werden. Hier sollte der Berater seine Klienten fragen, was denn in den kommenden Monaten und Jahren passieren muss, um das erreichte Ziel zu erhalten und nicht wieder in das alte Muster zu verfallen. Hier kann eine Liste mit Erwartungen an einen selbst angelegt werden. In diese können die Klienten schreiben, welche Dinge sie zukünftig vermeiden möchten und welche sie weiterhin beibehalten sollten, um ihr Ziel zu bewahren.

DIE LÖSUNG EINES KONFLIKTS INNERHALB DES SYSTEMS

Immer wieder geht es in der Beratung um das Lösen verschiedener Probleme. Um ein Problem langfristig zu beheben, muss das System umstrukturiert werden. Dabei können sechs einfache Schritte helfen.

Schritt 1: Das Problem benennen
Die meisten Probleme deuten sich schon in der ersten Beratungsstunde an. Auch wenn Klienten nicht sofort über ihre persönlichen Probleme sprechen wollen, tun sie es doch, gerade dann, wenn es sich um eine Gruppenberatung handelt und alle Mitglieder des Systems anwesend sind.

Das Problem sollte klar formuliert und möglichst in einem Satz zusammengefasst werden. Wie schon bei den Zielen gilt es hier, den Klienten den Vortritt zu lassen. Der Berater sollte lediglich mit Satzfetzen weiterhelfen:

1. Wenn ... passiert, fühle ich mich ...
2. Ich werde wütend, wenn ...
3. Folgende Situation stört mich: ...
4. Ich will nicht mehr ... müssen.
5. Folgendes Verhalten stört mich: ...
6. Ich finde mich immer in einer Situation wieder, die mich belastet. Und zwar ist das diese: ...

Schritt 2: Das Problem analysieren

Nach der Benennung kommt es zur Analyse des Problems. Das Problem kann nur dann analysiert werden, wenn alle beteiligten Mitglieder des Systems damit einverstanden und offen für Neues sind. Die Analyse kann durch das Schildern der einzelnen Sichtweisen erfolgen oder auch dadurch, dass alle Mitglieder eine Grafik zeichnen, die ihrer Meinung nach das Problem gut darstellt. Diese Grafiken können danach angesehen, erklärt und verändert werden, um dafür zu sorgen, dass alle Sichtweisen mit in die Analyse aufgenommen werden.

Bei der Analyse fungiert der Berater wieder nur als **Mediator**. Er ist lediglich dafür zuständig, dass sich die Klienten miteinander gut unterhalten können. Der Berater kann Impulse setzen und für neue Richtungen im Gespräch sorgen. Dies sollte wertfrei und neugierig geschehen. Mit den Impulsen können die Klienten die Sichtweisen der anderen erkunden und sich wichtige Fragen zur Analyse stellen. Diese sind beispielsweise:

1. *Wann entsteht das Problem?*
2. *Wer ist am Problem beteiligt?*
3. *Wer ist nicht direkt beteiligt, hat aber einen Einfluss auf das Problem?*
4. *Wie verläuft der Konflikt?*
5. *Wie endet der Konflikt?*
6. *Wie verhalten sich die einzelnen Parteien während des Konflikts?*
7. *Warum verhalten sich die Beteiligten so und nicht anders?*

Schritt 3: Das Problem grafisch darstellen

Wie schon im letzten Schritt angesprochen, kann es oft helfen, das Problem als Grafik darzustellen. Dadurch kann das System analysiert werden und das Problem innerhalb des Systems eingeordnet werden. Wie genau die Grafik auszusehen hat, kann durch den Berater oder auch die Klienten bestimmt werden. Denkbar ist eine Art chronologischer Verlauf, in dem die Faktoren, die zum Konflikt führen und die Geschehnisse während des Konflikts geschildert werden. Das kann in Form einer gerade Linie, eines Kreises oder einer Mindmap deutlich gemacht werden. Auch kann ein Soziogramm erstellt werden, indem unter den Namen jeder Person geschrieben wird, welche Rolle sie im Konflikt spielt, wie sie sich verhält und was sie zur Lösung beiträgt.

Wichtig bei der grafischen Darstellung ist, dass alles gut ersichtlich ist. Merkt ein Klient, dass seine Grafik unordentlich wird, kann der Berater ihm vorschlagen, sie erneut aufzumalen. Nach der Erstellung der Grafik durch alle einzelnen Mitglieder kann gemeinsam an der Grafik gearbeitet werden. Hier bieten sich verschiedene Abläufe an. Beispielsweise kann jedes Systemmitglied die eigene Grafik präsentieren. Danach kann gemeinsam an einer ganz neuen Grafik gearbeitet werden, in der alle Sichtweisen einbezogen werden.

Es kann auch die Grafik einer Person verwendet werden, in die die Sichtweisen aller Mitglieder eingearbeitet werden. So entsteht eine realistischere Version der gewählten Grafik. Nach Erstellung einer Grafik, mit der alle einverstanden sind, kann diese kopiert, laminiert oder sichtbar aufgehängt werden. Sie sollte immer griffbereit sein, um mit dem Konflikt weiter arbeiten zu können.

Schritt 4: Vorschläge für Umstrukturierungen

Um ein Problem langfristig zu lösen, muss das System umstrukturiert werden. Die Umstrukturierung sollte nicht vom Berater vorgeschlagen werden und auch die Arten, wie das System umstrukturiert werden könnte, sollten von den Mitgliedern des Systems erdacht werden. Wieder ist der Berater der Mediator, der den Prozess der Umstrukturierung lenkt und leitet, aber nicht manipuliert oder wertend betrachtet.

Der Berater kann, nachdem sich die Mitglieder geeinigt haben, dass sich etwas Grundlegendes ändern muss, Vorschläge zur Veränderung entgegennehmen. Er sollte darauf bedacht sein, dass alle Mitglieder zu Wort kommen und dass die Umstrukturierung nur dann funktioniert, wenn alle Mitglieder einverstanden sind. Damit eine Umstrukturierung funktioniert, sollten die Veränderungen machbar sowie für alle in Ordnung sein und dafür sorgen, dass sich die allgemeine Situation für alle verbessert.

Die Umstrukturierung kann damit abgeschlossen werden, dass eine vage, neue Grafik erstellt wird. Hier wird geschildert, wie die Situation, die eigentlich zum Konflikt führte, nun ablaufen soll.

Schritt 5: Im Alltag ausprobieren

Im nächsten Schritt sollen die Mitglieder des Systems die neue Umstrukturierung im Alltag festigen und somit dafür sorgen, dass der Konflikt nicht entsteht oder schnell und konstruktiv gelöst werden kann.

Dieser Test im Alltag sollte mindestens eine, wenn nicht sogar zwei Wochen lang stattfinden, um zu überprüfen, ob sich Probleme ergeben, an die man vorher nicht gedacht hat. Denn eventuell funktioniert die neue Struktur nicht so, wie man sie sich auf der Grafik erhofft hat.

Schritt 6: Reflektieren

In der nächsten Beratungsstunde soll dann gemeinsam reflektiert und evaluiert werden. Wie gut hat die Umstrukturierung gewirkt? Was hat sie gebracht und was hat sich konkret verändert? Wenn beschlossen wird, dass die Umstrukturierung nicht erfolgreich war, kann erneut überlegt werden, wie es besser werden könnte. Auch die neue Strategie kann dann wieder im Alltag ausgetestet werden.

Dieser Prozess sollte so lange wiederholt werden, bis eine passende Umstrukturierung gefunden wurde. Während des Prozesses begleitet der Berater seine Klienten und äußert Beobachtungen über das System, wenn diese den Klienten selbst nicht aufzufallen scheinen. Diese Beobachtungen sind besonders dann wichtig, wenn sie den Klienten Zeit und Schmerzen sparen können.

DAS INTERVIEW MIT DEM LEEREN STUHL

Es kann passieren, dass während des Ausprobierens der neuen Strategien Probleme auftauchen und Meinungsverschiedenheiten entstehen. Diese können auch dann auftreten, wenn der Berater gerade nicht da ist und die Familie auf sich allein gestellt ist. Hier kann man eine Technik anwenden, bei der es keinen Berater braucht und die Klienten das Wissen über Systemik anwenden können, das ihnen ihr Berater bereits mitgegeben hat.

Schritt 1: Wenn ein Problem im Alltag auftaucht

Zwischendurch können sich Probleme ergeben. Beispielsweise hält sich ein Mitglied nicht an die Verhaltensänderungen oder ignoriert die anderen gelernten Techniken der Konfliktlösung. Wenn ein Mitglied sich nicht an die Veränderungen hält, funktioniert die gesamte Umstrukturierung nicht. Daraufhin könnte sich gefragt werden, inwiefern die Umstrukturierung gescheitert ist. Hier wird keine Schuld zugewiesen. Stattdessen wird sich gefragt, warum die Veränderung nicht funktioniert hat. Was wurde in der Beratungsstunde übersehen?

Schritt 2: Das Einverständnis der Mitglieder

Um auch im Alltag an der Umstrukturierung arbeiten zu können, sollten alle Mitglieder des betroffenen Systems einverstanden sein. Ein Familienmitglied kann hier das Wort ergreifen und einmal in die Runde fragen, ob es in Ordnung ist, an der Umstrukturierung weiterzuarbeiten. Wenn alle ihr Einverständnis ausgesprochen haben, kann an der eigentlichen Übung gearbeitet werden.

Schritt 3: Der leere Stuhl

Für die Übung wird ein leerer Stuhl benötigt. Alle Klienten können sich beispielsweise in einen Stuhlkreis setzen und dabei einen Extrastuhl dazustellen. Sie können sich auch gemeinsam auf eine Couch setzen und den Stuhl gegenüber von sich platzieren.

Jedes Familienmitglied kann daraufhin das eigene Problem schildern und sich an den Stuhl richten, als handele es sich dabei um einen Berater. Mittels des Wissens über die Systemik und über das eigene System kann dann erdacht werden, wie der Berater auf die Aussagen reagieren würde und welche Fragen er seinen Klienten stellen würde. **Hierbei sollten alle Mitglieder des Systems realistisch sein und sich auf vergangene Stunden mit ihrem Berater beziehen**. Auch sollten sie sich auf das eigene Gefühl einlassen und sich daran erinnern, dass sie selbst als Mitglieder ihr System am besten kennen.

Ausblick

Sie kennen nun die Hintergründe der systemischen Therapie und Sie wissen, welche Vorteile es mit sich bringt, eine Person inmitten ihres Umfelds zu betrachten. Ähnlich wie bei der ganzheitlichen physischen Betrachtung einer Person haben Sie nun nicht nur das theoretische Wissen, sondern auch praktische Übungen an der Hand, mit denen Sie Zusammenhänge erkennen können.

Diese Zusammenhänge zu erkennen, ist der erste Schritt zur Besserung der Situation, der Ihnen ermöglicht, die richtigen Ansätze zu finden, um gesund zu werden. Sobald Sie erkannt haben, dass nicht Personen, sondern Umstände und Zusammenhänge die Herausforderungen sind, können Sie besser daran arbeiten, wie Sie mit den Umständen, dem System und Ihren Mitmenschen umgehen. Auf diese Weise haben Sie die Chance darauf, aus dem Teufelskreis von Schuldzuweisungen und Opferrolle auszubrechen und eine neue, klarere Sichtweise zu entwickeln.

Mit den Übungen in diesem Buch können Sie bereits ohne professionelle Hilfe anfangen, an Ihrer neuen Sicht der Dinge und an Ihren neuen Verhaltensweisen zu arbeiten. Die gewonnenen Kenntnisse werden Ihnen helfen, in unterschiedlichen sozialen Systemen besser zurechtzukommen – ob in der Familie, im Freundeskreis oder im beruflichen Umfeld.

Die vorgestellten Fragetechniken unterstützen Sie dabei, Chancen zu erkennen und neue, bisher unbekannte Wege zu gehen, um Ihre lang ersehnten Ziele zu erreichen und einen harmonischeren Alltag zu erleben. Sie werden die bisherigen Herausforderungen anders angehen und gemeinsam mit Ihrem Umfeld funktionale Lösungen finden.

Es steht außer Frage, dass ein Ratgeber keine professionelle Beratung ersetzen kann. Dennoch haben Sie nun die Chance, im Vorfeld einige Aspekte zu erkennen und daran zu arbeiten, denn die Wartezeiten für fachgerechte Beratungen sind lang. Umso wichtiger ist es, dass Sie umgehend tätig werden und sich daran machen, Ihr Schicksal selbst in die Hand zu nehmen.

Blicken Sie zuversichtlich in die Zukunft, arbeiten Sie an Ihrem sozialen System und Sie werden sehen, dass sich nach und nach die Herausforderungen klären lassen. Sie schaffen das!

Quellenverzeichnis

- https://www.youtube.com/watch?v=sV0AH1CGBho
- https://www.btb.info/ausbildung-systemischer-berater.html?piwik_campaign=Systemischer_Berater_BING&b=1&piwik_anzgr=Systemische%20Beratung%20%7C%20Allgemein&piwik_campaign=Systemischer_Berater_BING&b=1&piwik_anzgr=Systemische%20Beratung%20%7C%20Allgemein&msclkid=42ea1274ac15169acd8a73830e900738
- https://tuebingen-beratung.de/systemische-beratung/was-ist-systemische-beratung/
- https://www.netdoktor.de/therapien/psychotherapie/systemische-therapie/

Wir danken Ihnen für Ihr Interesse und Ihr Vertrauen. Als Dankeschön dafür, haben wir eine besondere Überraschung. Wir haben einen **exklusiven Trainer für Systemische Beratung** für Sie. Und dieses erhalten Sie vollkommen kostenlos. Das klingt wunderbar? Dann warten Sie nicht lange und holen Sie sich Ihr Gratis-Geschenk.

Hier geht es zu Ihrem Gratis-Geschenk:

https://forms.gle/puLByTVJ4cMQLQ5c8

1. **Öffnen Sie die Kamera-App auf Ihrem Smartphone und richten Sie die Kamera auf den QR-Code.**
2. **Klicken Sie auf den Link, der Ihnen angezeigt wird und schon werden Sie zur Website weitergeleitet.**

Impressum

Verlag: Orbita Media Verlag GmbH & Co. KG / Ericusspitze 4 / 20457 Hamburg / Deutschland
Website: https://orbita-media.de
Cover Image: Shutterstock
ISBN: 9783989358416

www.ingramcontent.com/pod-product-compliance
Lightning Source LLC
LaVergne TN
LVHW010817051026
849532LV00007B/2562
* 9 7 8 3 9 8 9 3 5 8 4 1 6 *